四川历史名人丛书

传 记 系 列

大禹传

李德书 – 编著

天 地 出 版 社

TIANDI PRESS

"四川历史名人丛书"总序

——传承巴蜀文脉，让历史名人"活"起来

　　文化是民族的血脉，是哺育民族成长壮大的乳汁，是一个国家、一个民族的灵魂，文化兴国运兴，文化强民族强。从十八大到十九大，习近平总书记以政治家的战略眼光，以唯物主义的科学态度，从中华文化的思想内涵、道德精髓、现代价值和传承理念等方面多维度、系统化地阐述了对待中华文化的根本态度和思想观点。他将中华优秀传统文化提升到"中华民族的基因""民族文化血脉""中华民族的根和魂"和"中华民族的精神命脉"的崭新高度，指出"一个国家、一个民族不能没有灵魂"，"优秀传统文化是一个国家、一个民族传承和发展的根本，如果丢掉了，就割断了精神命脉"，要"加强对中华优秀传统文化的挖掘和阐发"，从传统文化中提取民族复兴的"精神之钙"，"对历史文化特别是先人传承下来的道德规范，要坚持古为今用、以古鉴今，坚持有鉴别的对待、有扬弃的继承"，努力实现传统文化的"创造性转化、创新性发展"。总书记的一系列著名论断，从中华民族最深沉精神追求的深度、国家战略资源的高度、推动中华民族现代化进程的角度，把中华文化的发展提升到一个

新高度，升华到一个新境界，推向了一个新阶段。

　　中华文化源远流长，积淀着中华民族最深沉的精神追求，是中华民族独特的精神标识，为中华民族生生不息、发展壮大提供了丰厚滋养。沧海桑田，古印度、古埃及、古巴比伦文明早已成为阳光下无言的石柱，而中华文明至今仍然喷涌着蓬勃的生机。四川作为中华文明的重要发源地之一，历史文化源通流畅、悠久深厚。旧石器时代，巴蜀大地便有了巫山人和资阳人的活动。新石器时代，巴蜀创造了独特的灰陶文化、玉器文化和青铜文明。以宝墩文化为代表的古城遗址，昭示着城市文明的诞生；三星堆和金沙遗址，展示了古蜀文明的不同凡响；秦并巴蜀，开启了与中原文化的融通。汉文翁守蜀，兴学成都，蜀地人才济济，文章之风大盛。此后，四川具有影响力的文人学者，代不乏人。文学方面，汉司马相如、王褒、扬雄，唐陈子昂、李白，宋苏洵、苏轼、苏辙，元虞集，明杨慎，清李调元、张问陶，近现代巴金、郭沫若等，堪称巨擘；史学方面，晋陈寿、常璩，宋范祖禹、张唐英、李焘、李心传、王称、李攸等，名史俱传。此外，经过一代代巴蜀人的筚路蓝缕、薪火相传，还创造了道教文化、三国文化、武术文化、川酒文化、川菜文化、川剧文化、蜀锦文化、藏羌彝民族风情文化等，都玄妙神奇、浩博精深。瑰丽多姿的巴蜀文化，是中华文化的重要组成部分，有着鲜明的地域特征和独特的文化品格，是四川人的根脉，是推动四川文化走向辉煌未来的重要基础。记得来路，不忘初心，我们要以"为往圣继绝学"的使命担当，担负起传承历史的使命和继往开来的重任，大力推动巴蜀文化的传承、接续与转生，让巴蜀文化的优秀基因代代相传，"子子孙孙无穷匮也"。

四川历史文化异彩独放，民族文化绚丽多姿，红色文化影响深广，历史名人灿若星辰，这是四川建设文化强省重要的文化资源。中共四川省委、四川省人民政府秉持高度的文化自觉和文化自信，借助四川文化资源富集的优势，持续深入推进文化强省建设，先后出台《四川省"十三五"文化发展规划》《关于传承发展中华优秀传统文化的实施意见》《建设文化强省中长期规划纲要》等一系列战略规划及措施，大力推进古蜀文明保护传承、三国蜀汉文化研究传承、四川历史名人传承创新、藏羌彝文化保护发展等十七项优秀传统文化传承发展工程，着力构建研究阐发、保护传承、国民教育、宣传普及、创新发展、交流合作等协同推进的文化发展传承体系，不断探索传承守护中华文脉的四川路径。

"四川历史名人文化传承创新工程"是四川启动最早、影响最广的一项文化工程。自 2016 年 10 月提出方案，经过八个多月的论证调研、市（州）申报、专家评审，最终确定大禹、李冰、落下闳、扬雄、诸葛亮、武则天、李白、杜甫、苏轼、杨慎为首批十位四川历史名人。这十位历史名人，来自政治、文化、科技、艺术等多个领域，他们是四川历史上名人巨匠的首批杰出代表，各自在自己专业领域造诣很高，贡献杰出：李冰兴建都江堰，功在千秋；落下闳创制《太初历》，名垂宇宙。李白诗无敌，东坡才难双；诸葛相蜀安西南，杜甫留诗注千家。大禹开启中华文明，则天续唱贞观长歌。扬雄著述称百科全书，千古景仰；升庵文采光辉耀南国，万世流芳。

十大名人之所以值得传颂，不仅在于他们具有雄才大略、功勋卓著、地位崇高、声名显赫，更在于他们身上所承载的思想理念、人文精神、气质风范、文化品格等，是中华民族和巴蜀文化的集中表达。大禹公而忘私、为民造福的奉献精神，李冰尊崇自然、求真务实的科学态度，落下闳潜心研究、孜孜不倦的探求意志，扬雄悉心著述、明辨笃行的学术追求，诸葛亮宁静淡泊、廉洁奉公的自律品格，武则天巾帼不让须眉的豪迈气概，李白"直挂云帆济沧海"的博大胸怀，杜甫心系苍生、直陈时弊的忧患意识，苏轼宠辱不惊、澄明旷达的坦荡胸襟，杨慎公忠体国、坚守正义的爱国情怀，都是中华民族优秀文化的浓缩和凝聚，是四川人民独特气质风范的体现，是社会主义核心价值观的本源和本质，是四川发展的宝贵资源和突出优势。

历史名人要有现实意义才能活在当下。今天我们宣传历史名人，不能停留在斯土有斯人的空洞炫耀，而要用历史的、发展的、辩证的思维去深入挖掘、扬弃传承、转化创新，不断赋予时代内涵，不断呈现当代表达，让历史名人及其文化"站起来""活起来""动起来""响起来""火起来"，真正走出历史、走出书斋、走进社会，走向世界、走向未来。"四川历史名人文化传承创新工程"实施三年多来，全社会认知、传承、传播历史名人文化的热潮蓬勃兴起，成效显著：十大名人研究中心全面建立，一批中长期规划先后出台，一批优秀成果陆续推出；十大名人故居、博物馆、纪念馆加快保护修复，展陈质量迅速提升；十大名人宣传片全部上线，主题突出，画面精美；名人大讲堂、东坡艺术节、人日游草堂、都江堰放水节、广元女儿节等品牌文化活动多地开花，万紫千红；以名人为元素打造的储蓄罐、笔记本、手机壳、冰箱贴等文创产品源源上市，深受民众喜爱；话剧《苏东坡》《扬雄》，川剧《诗酒太白》《落下闳》，歌剧《李冰父子》，曲艺《升庵吟》，音乐剧《武侯》，交响乐《少陵草堂》等一大批舞台艺术作品好戏连台，深入人心……

"四川历史名人丛书"的编纂出版，是实施振兴四川出版战略、实现文化强省目标的重要举措，其目的是深入挖掘提炼历史名人的思想精髓和道德精华，凝练时代所需的精神价值，增强川人的历史记忆、文化记忆，延续中华文化的巴蜀脉络，推动中华文化传承创新，彰显巴蜀文化的生命力和影响力。

"四川历史名人丛书"的编纂出版，始终坚持正确的政治方向、出版导向、价值取向，深入挖掘名人的精神品质、道德风范，正面阐释名人著述的核心思想，借以增强川人的文化自信，激发川人了解家乡、热爱家乡、建设家乡的澎湃力量；始终坚守中华文化立场，着力传承中华文化的经典元素和优秀因子，促进人民在理想信念、价值理念、道德观念上团结一致；始终秉承辩证唯物主义和历史唯物主义观点，用客观、公正、多维的眼光去观察历史名人，还原全面、真实、立体的历史人物，塑造历史名人的优秀形象，展示四川文化的独特魅力，让历史名人文化为今天的社会发展提供精神动能。

"四川历史名人丛书"的编纂出版，注重在创新上下功夫，遵循出版规律，把握时代脉搏，用国际视野、百姓视角、现代意识、文化思维，将思想性、知识性、艺术性、可读性有机结合，找到与读者的共振点，打造有文化高度、历史厚度、现代热度的文化精品，经得起读者检验，经得起学者检验，经得起社会检验，经得起历史检验；注重在质量和水平上下功夫，立足原创、新创、精创，努力打造史实精准、思想精深、内容精彩、语言精妙、制作精美的文化精品，全面提升四川出版的知名度和美誉度，为建设文化强省、助推治蜀兴川再上新台阶提供思想引领、舆论推动、精神鼓励和文化支撑，为增强中华文化影响力贡献四川力量。

"四川历史名人丛书"编委会

2019 年 10 月 30 日

夏禹事迹信而有征

司马迁《史记》中的《夏本纪》里事关禹治水部分，全录自《尚书·禹贡》。换言之，《夏本纪》的中心主干源本于《尚书·禹贡》。对当时还在流传的《禹本纪》一书，司马迁则没有采用，因为此书颇有一些问题，所谓"《禹本纪》言：'河出昆仑，昆仑其高二千五百余里，日明所相避二隐为光明也。其上有醴泉、瑶池。'今有张骞使大夏之后也，穷河源，恶睹本纪所谓昆仑者乎？故言九州山川，《尚书》近之矣。至《禹木纪》《山海经》所有怪物，余不敢言之也。"张骞通西域，回来后将自己在西域的所见所闻写成《出关志》一书，介绍西域各地的风土人情、历史现状等。张骞带来了有关西方世界的最新信息和最真实的历史及故事，司马迁则根据张骞的《出关志》写成了《史记·大宛列传》，所以司马迁不用《禹本纪》等，主要是有张骞《出关志》的原因。

至于司马迁舍去的《禹本纪》一书，我们今天无法判定其对错，说不定《禹本纪》在今天的研究价值要大于当时。但是，司马迁为了弥补资料的不足，他采取了文献结合实地考察"网罗天下放失旧闻"的方法，证实了《禹贡》之说近于事实，而作《夏本纪》以彰禹迹。如《禹贡》开篇称"禹敷土，随山刊木，奠高山大川"，语虽简洁但事情原委并不清楚，故司马迁增改为"禹乃遂与益、后稷奉帝命，命诸侯百姓兴人徒以傅土，行山表木，定高山大川"，仅仅十几字的加改，使读者一目了然。又如，增"禹行自冀州始"一句，准确地交代出禹治水的起点。再如，增"道九山""道九川"等，无不使之眉目清晰，条理井然。特别是禹治水成功一节的改增，以及增文"于是帝锡禹玄圭，以告成功于天下。天下于是太平治"，真可谓画龙点睛之笔，并在《殷本纪》《秦本纪》《秦始皇本纪》《历书》《封禅书》《河渠书》《平准书》《仲尼弟子列传》等篇章中多次复述禹绩，明言夏朝之兴由此发端。

司马迁把《禹贡》之文录入《夏本纪》，旨在突出禹得天下是为民兴利除弊、施政仁德的结果。他在《夏本纪》中叙大禹的先世时说：禹之曾祖昌意及父鲧皆为人臣，至"禹为人敏给克勤；其德不违，其仁可亲，其言可信；声为律，身为度，称以出；亹亹穆穆，为纲为纪"。才获得天下人的信赖和敬仰。舜死，举丧三年，虽然其子商均在阳城，然而"天下诸侯皆去商均而朝禹。禹于是遂即天子位，南面朝天下，国号曰夏后，姓姒氏"。司马迁从禹先世始叙至禹南面称尊，分四层表述禹从人臣而为民众拥戴的帝王，寓意昭然。

根据统计，《夏本纪》全纪正文3028字（未计太史公曰），其中记载夏禹治水的事迹为1376字，占全篇的45.4%；若加上禹的施政事迹，则占全篇50%以上。也就是说，在专载夏王朝历史的本纪当中，主要突出的是大禹治水的英雄事迹，事实上是一部歌颂大禹的治水史诗，这在司马迁撰写的十二本纪当中是唯一的。

依照《史记》的体例，《夏本纪》应该是专载夏王朝一代数百年兴亡史，但具体叙事却与体例大相径庭，而与《河渠书》联系密切，颇为特殊。现在的研究证明，大禹治水是一次关系到民族生存与发展的大事，作为受益的后人，有责任完完整整地传于后人，使之千秋万代，永远铭记。

在距今4000年前，中国曾经发生过一次从青海到山东的全国性的大范围水灾，据说也是世界性的一次洪灾。肆虐的洪水时时刻刻危害着人民的生命财产，于是当时的首领们推禹的父亲鲧前去治水。鲧用"围堵"的方法努力治水九年，未能取得成功，因而被舜殛于羽山。鲧因治水失败被诛，这种追究领导责任的做法是相当严厉的，但是"天下皆以舜之诛为是"，为后世重大失职者以死谢天下做了个表率。同时也表明当时的水患相当严重，于是禹继父业又被推到了历史的风口浪尖上。

舜推举大禹治水除了大禹本人作为"司空"，有着掌管百工工程之事的经验，更重要的是大禹"可成美尧之功"。禹果然不负众望，他接手治水的重任后，首先总结经验，寻找父鲧治水失败的原因，认为："河所从来者高，水湍悍，难以行平地"，是造成"数为败"的原因所在，所谓"伯禹念前之非度，改制量……高高下下，疏川导滞"。就是说禹采取了发动民众先做"行山表木，定高山大川"的勘测工作。所说"行山表木"就是用刻木为桩标。"说明禹治水时曾用准绳和规矩的工具"，并且应用数学的方法使之更加精确。在精确勘测的基础上，大禹才制定了改"围"之壅堵，为以排流为主的"疏导"治水方法，奋洗先人之耻，"乃劳身焦思，居外十三年，过家门不敢入"。他率领民众自冀州始"凿龙门，通大夏，疏九河，曲九防，决渟水致之海"，遍九州大地，导山浚川，开凿济、漯、淮、泗等河流，与大众一道与大自然搏斗，将自身置之度外，凡一十三年。有资料说他结婚四日便"复往治水"，历尽千辛万苦，甚至是"股无胈，胫无毛，手足胼胝，面目黧黑"，终于平息水患，获得了巨大的成功。"于是九州攸同，四奥既居，九山刊旅，九川涤原，九泽既陂，四海会同。"为了表彰禹造福于民的不世之功，司马迁运用互见法又在《河渠书》重复其英雄事迹，称："禹抑洪水十三年，过家不入。陆行载车，水行载舟，泥行蹈毳，山行即桥。以别九州，随山浚川，任土作贡。通九道，陂九泽，度九山。……九川既疏，九泽既洒，诸夏乂安，功施于三代。"十三年是个约数，表示治水的艰辛，而"过家门不敢入"则突出了大禹公而忘私的崇高品质。大禹治水的成功，赢得了天下民众的拥戴，"皋陶于是敬禹之德，令民皆则禹"；而"帝舜荐禹于天，为嗣"，为大禹最终建立夏朝奠定了基础。司马迁的叙述，为我们勾画出一幅中华民族人定胜天的壮丽场面，寓意之明，不言而喻。在山东武梁祠汉代画像石中有一幅大禹头戴斗笠，身着粗衣，手持工具匆匆忙忙治水的动人形象，正是太史公笔下大禹的真实写照。

徐日辉

（中国旅游文献研究所所长、中国《史记》研究会副会长、中华伏羲文化研究会副会长、浙江工商大学人文学院教授）

目
录

古蜀文明

黄帝居轩辕之丘，而娶于西陵之女，是为嫘祖。嫘祖为黄帝正妃，生二子，其后皆有天下。其一曰玄嚣，是为青阳，青阳降居江水；其二曰昌意，降居若水。昌意娶蜀山氏女，曰昌仆，生高阳，高阳有圣德焉。

——《史记·五帝本纪》

公元前3500多年，一支羌人从河湟地区向南方迁徙，寻找生存发展的空间。在岷江流域的九顶山下，有一小盆地。盆地底部是水草丰茂的平坝。四周的二台地上，是黄色的土壤。其中位于盆地南面岷江边的台地，高出江面数十丈，形状就像马蹄形。南下的羌人便在这块台地上安营扎寨，定居下来。后世称此地为营盘山。

这支羌人在营盘山及其附近的黑水河、杂谷脑河和土门河等地不断繁衍发展，形成了一个以营盘山为中心的强大的部落。后世称此部落为蜀山氏。

蜀山氏人丁兴旺，种植业和手工业发达，文明程度不断提高。他们磨造的石刀、石斧非常锋利。烧制的彩陶罐上多有水波纹，十分精美。还有黑陶人面具、酿酒用的陶缸和饮酒用的高足陶酒杯。

随着蜀山氏部落的不断壮大，他们又需要再向南迁徙、发展，继续寻找生存发展的更大空间。

公元前3000年左右，蜀山氏部落的羌人或翻越龙门山脉，或沿岷江而下，进入都广之野（后世称为成都平原），从山边台地逐步向平原腹地推进。

进入平原的羌人，充分利用岷江流入平原后形成的众多分支水系，开渠排水，筑堤筑路，开垦良田，种麦种稻，修房造邑，建设稳定的家园。

　　公元前2500年左右，成都平原上先后出现了多座城邑。自20世纪80年代以来，考古工作者先后发掘了广汉三星堆古城、新津宝墩古城、郫县三道堰古城、温江鱼凫村古城、崇州双河古城和紫竹村古城、彭州古城村古城、大邑高山古城。这些古城同在岷江上游沿江分布，建筑技术相同，同属宝墩文化。宝墩古城遗址的文化内涵，也就是出土的陶器、石器的花纹、装饰、形状与种类等，从总体上看，与广汉三星堆一期、什邡桂圆桥、绵阳边堆山、汉源狮子山、米易安宁河、巫山魏家梁子等地的遗存极为相似。宝墩古城遗址，面积276万平方米，有内城墙和外城墙及壕沟、环城路。内城中还有300多平方米的大型建筑基址，这里应是统治者的"权力中心"所在。此城规模巨大，不仅是成都平原最大的古城，也是中国上古时期仅次于浙江良渚古城、陕西石峁古城和山西陶寺古城的第四大古城。由此可见，成都平原在距今4500年前就已出现高度集中的政治和权力中心。说明当时的"古国"或"邦国"已经形成。证明成都平原是长江上游地区文明的起源中心，也是中华文明的起源中心之一。完全印证了《史记·五帝本纪》的记载："黄帝居轩辕之丘，而娶于西陵之女，是为嫘祖。嫘祖为黄帝正妃，生二子，其后皆有天下。其一曰玄嚣，是为青阳，青阳降居江水；其二曰昌意，降居若水。昌意娶蜀山氏女，曰昌仆，生高阳，高阳有圣德焉。"同时也印证了《华阳国志》的记载："蜀之为国，肇于人皇，与巴同囿。至黄帝，为其子昌意娶蜀山氏之女，生子高阳，是为帝颛顼。封其支庶于蜀，世为侯伯。历夏、商、周。"

第一章

禹生石纽

　　帝禹夏后氏。母曰修己，出行，见流星贯昴，梦接

意感，既而吞神珠。修己背剖，而生禹于石纽。

——战国《竹书纪年》

公元前2700多年，蜀山氏部落的一支羌人从营盘山向东迁徙，翻过土门垭，沿着土门河向下游发展，在下关子和石纽山形成了羌人聚落。

石纽山因山腰树林里有两块巨石纽结在一起而得名。这十丈见方的巨石，非常奇异。每日早晚二时，雾气笼罩的树林里都会发出五彩毫光。当地羌人把这方巨石当作神石供奉。这里的羌寨叫作石纽寨。

石纽山下，是一个小盆地。土门河与青片河汇合后称为湔江。湔江边形成了一块小坝子，四周山势呈漏斗状，山峰高耸入云。青山绿水，男耕女织，一派祥和。

石纽寨住着一个美丽善良的羌女，名叫修己。她的丈夫名叫鲧，是黄帝的孙子、颛顼的儿子。（《史记·五帝本纪》："鲧之父曰帝颛顼，颛顼之父曰昌意，昌意之父曰黄帝。"）

鲧常年住在山里，每当夏天山洪暴发后，他都会带领石纽寨的青壮年排洪抢险，是远近闻名的治水能手。

岷江进入都广之野，分支众多，水系散乱，洪水泛滥时，各个城邦都受到严重威胁。于是，这些邦国的首领都聘请鲧去帮他们治水。鲧在平原上治水采用围堵的方法，多次筑堤筑堰、筑城挡水。但遇上特大洪水，堤、堰、城墙都被冲毁，人畜损失惨重。洪灾之后，再次筑堤筑堰筑城。

鲧每年都要出外治水，妻子修己从不拖后腿，默默操持家务，耕种劳作。她心灵手巧，是远近有名的纺织能手。她心地仁慈，常常采药无偿给族人治病，深受人们喜爱。

石纽山下湔江边有座百丈见方的山崖。山崖上长满藤萝和苔藓，岩壁下有个八尺见方的天然泉池。从崖壁上浸出的泉水，一年四季把水池装得满满的。池里的泉水夏天凉爽，冬天温润，还有点甜。当地羌人就把这个水池叫作甘泉。修己每天晚上都要用羊皮桶到甘泉里装满水背回家，以备第二天饮用。

修己怀孕十个月都多了，却还没有分娩的迹象。她还是像往常一样劳动和生活。

公元前2162年（尧五十三年）六月初三那天，修己早早出门，到九龙山采药。她刚走进清泗沟，肚子疼起来了。她知道自己的孩子快要出生了，赶紧找块草坪坐下来歇息。修己的肚子越来越疼，一直疼了三天三夜，可还是没有生下孩子。

六月初六的那天，修己的呻吟声惊动了羌山女巫。女巫一边念着口诀，一边用锋利的铜刀剖开修己的肚子，取出了一个男婴。因为这个孩子出生在清泗沟的草坪上，后来人们就把这块草坪叫作剖儿坪。

羌山女巫跑回石纽寨，叫来族人将修己母子抬回家里，邻居阿婆和姐妹们都来细心照料。修己正要托人把喜讯传给丈夫，鲧刚好从外地回来了。

鲧抱起儿子亲了亲，对妻子说："你看这小子长得像你还是像我？"修己说："就像你啊！"夫妻二人守护着他们共同创造的新生命，沉醉在幸福之中。

修己对鲧说："你在家里住不了多久，又要出门做事去了，快给儿子取个名字吧。"鲧想了一会，说道："就叫小禹吧。"

"小禹"，按上古时候的意思，直译就是"小虫子"。后世《说文解字》说："禹者，虫也。"意思是：禹字的本意是虫。上古时候，很多野兽也泛称为"虫"，如老虎称为"大虫"。"小禹"就是"小老虎""虎崽子"的意思。

小禹一天天长大，不到一周年就会走路了。有时摔倒了，头上碰了包，也不哭叫。鲧经常夸奖自己的儿子："小禹儿，不爱哭，有种！虎头虎脑，有虎劲，将来一定能干大事！"

小禹长到3岁时，父母请石纽寨的释比（羌人中的巫师、最有智慧的能人）对小禹进行启蒙教育。小禹天资聪颖，勤学好问。到五六岁时，能唱山歌、能写字、能算数，成为石纽寨的神童。

禹母时常教育儿子要做一个勤劳、坚强、明理、善良的人，长大了要多做好事，报答父母和族人。小禹很听母亲的话，对父母很孝顺，也比其他同龄孩子懂事得多。

父亲经常外出，家里全靠母亲操持。小禹常常帮母亲干一些扫地、生火、放羊之类的家务活儿。石纽寨小孩很多，有时会因一些小事吵架、打架，小禹总能把双方劝和。小朋友们有困难，小禹总是尽力帮助。渐渐地，小禹就成了石纽寨的"孩子王"。

小禹七八岁时，经常跟母亲穿过清泗沟"一线天"到九龙山采药。"一线天"上面的草坪上有块大石头，是娘儿俩歇息的地方。后来，当地羌人感谢娘儿俩的好生之德，就把他们采药的地方叫作采药山。

禹母到九龙山采药，小禹赶着羊群到山坡上放牧。羊在坡上吃草，小禹就在坡地上读羊皮书。等到母亲采药下山，娘儿俩就赶着羊群，说说笑笑回家了。后来，当地羌人就把小禹放羊的地方叫作放羊坡。

清泗沟沟口有一处百丈见方的草坪，那是羌寨男子比赛骑马射箭的地方。小禹偷偷做了一副弓箭，选了一只高大壮实的公羊当战马，学着勇士的样子骑马射箭，被摔得鼻青脸肿。禹母心疼儿子，却不阻拦，还请高手调教儿子。小禹的悟性很高，没多久，就能顺利地上下马背、开弓放箭了。

小禹很喜欢跟水打交道，经常和寨子里的小伙伴们到湔江摸鱼、嬉水、游泳，小小年纪练就了一身好水性，被伙伴们称为"翻江鱼"。

公元前2154年（尧六十一年），小禹9岁。

有一天，父亲鲧接到华夏（以华胥氏后裔诸华部落和炎帝后裔诸夏部落合称华夏）部落联盟领袖尧（后世称为尧帝）派人传来的命令，要鲧速去尧都平阳（山西省襄汾县陶寺）接受重任，负责治理中原水患。

修己向传令官恳求道："夫君常年都在为西蜀国治水，实在太累了，能不能过一段时间再去？"

传令官说："不行，这是尧帝的命令，不能违抗。何况中原洪水泛滥，田园淹没，鸟兽横行，与民争食，民众苦不堪言。这洪水多年来一直未治好，四岳（四方诸侯代表）一致举荐有治水经验的鲧去负责治水，为千千万万的民众解除苦难。尧帝这才派我来传达帝命，封鲧为崇伯，担当治水大任。请崇伯立即随我动身吧！"

小禹一听，拍着手说："好哇！好哇！我要和爸爸一起去治水。"

鲧拍着小禹的肩头说："儿子，你还小，你还是小虫子、虎崽子，等你长大了再说吧。"鲧把儿子推到修己面前："小禹跟娘在一起，要听娘的话，等我治水完工后就回来看你们。"

修己和小禹含着眼泪，依依不舍地送走了鲧，一直望着鲧的身影消失在山间。

鲧离家后，一直音讯全无。禹母有空就带上儿子到石纽寨北方的一座高山上守望丈夫归来。每次从高山上下来，都要在石纽小盆地中的小土包上歇息，悄悄地流泪。当地羌人被禹母的诚心感动，就把那座高山叫作望崇山，把那个小土包叫作禹母山。

禹出西羌

禹出西羌，文王生北夷。

——西汉·桓宽《盐铁论·国疾》

公元前2146年（尧六十九年），小禹17岁。

有一天，禹母跟儿子刚从望崇山回家，正在伤感。

西蜀国派人传来消息：鲧因治水九年无成被流放羽山后被杀。

这一噩耗，犹如晴空霹雳，修己当场气绝身亡。

小禹悲痛得欲哭无泪，昏厥了三天三夜。修己的灵魂在望崇山和禹母山游离不去，后来化成了一只金鸡，栖息在禹母山。石纽寨的羌人为了纪念禹母，就把禹母山叫作鸡栖山。

父亲母亲双双离世，对17岁的小禹打击实在是太大了。在族长和乡亲们的安慰下，小禹挺过来了。想起母亲从小对他的教诲，他决心要坚强起来。虽然成了孤儿，但他更加懂事了。

小禹家房前有座纳凉的亭子，亭子里有块五尺见方的石板桌子，他经常在石桌上读羊皮书，在石板上写字画画，还经常与小伙伴们围着石桌讨论问题。时间长了，把石桌面都磨得发亮了，后来石纽寨的羌人就把这个凉亭叫作禹亭，把石桌叫作禹桌。

石纽寨的乡亲们都把小禹当作自己的家人，教他做饭、种地、捕鱼、打猎。小禹也把乡亲们当作自己的亲人，今天帮这家背水，明天帮那家打柴，下力气的重活儿抢着干。渐渐地，小禹学会了独立生活。

俗话说："三岁牦牛十八汉。"小禹已长成一个身材高大、体魄健壮、胆大心细、知书达理的英俊小伙子。禹从族长那里知道了父亲死的详情，想起母亲伤心气绝，想到乡亲们对自己的疼爱，他暗暗发誓：好男儿志存高远，一定要练好本领，报答乡亲们的恩情。

小禹用20只羊换来骏马和弓箭，经常到清泗沟草坪练习骑马射箭。石纽寨的勇士被小禹的坚韧和顽强感动了，主动把骑术和箭术的诀窍传授给他。小禹用心领会，刻苦练习，不到半年，小禹已成为石纽寨骑马射箭的高手。后来，当地羌人就把那块草坪叫作跑马坪。

每当遇到困难，小禹都会思念母亲。想起母亲的教诲，他更是常常到刳儿坪祭拜母亲。为了记住自己的出生地，小禹在清泗沟"一线天"石壁上刻下"禹穴"两个虫篆体大字。这条沟后来就叫禹穴沟。

石纽寨家家户户的房子从下到上全用片石砌成，低矮潮湿，光线昏暗。于是小禹就想：石纽寨坡地多、片石多、树木多，如果依照地势，把房子建成三层，底层做羊圈，中层住人，上层放东西，房顶当晒场，那该多好啊！

小禹把这个想法禀告了族长，还主动要求推倒自己的房子做实验。族长同意先盖一座试试看。不久，石纽寨第一座高大雄伟的雕房建成了。从此，石纽寨家家户户争相建雕房。后来为了纪念小禹的首创之功，把雕房称为禹雕。

一次，小禹跟伙伴们从山里抬着猎物往回走，却被一处断崖挡住去路，进退两难。小禹望见崖边有丛树木，顿时有了主意。他用绳索系住几棵树木顶端，拉成弓形再拴到对面树脚。一座树木拱桥就形成了。从此，当地羌人就把这种桥叫弓弓桥，后来又叫禹弓桥。

土门河与青片河汇入湔江后有数十丈宽，羌人过河只能找浅水滩涉水而过。小禹受蜘蛛网的启发，就跟伙伴们将竹篾绳索两端固定在土门河、青片河两岸的大树上，再用硬木卡做滑轮，配上拉绳，做成了人可以来回滑动的"桥"。伙伴们称之为溜壳子，后来又叫作禹索桥。

有一年，天降暴雨，石纽山一带的羌寨都遭了殃。小禹目睹家园被毁、乡亲们受灾，心痛不已。他决心学习治水之法，制服水患。他决定独自前去考察一番。

小禹来到都广之野，走遍平原上所有的城邑，发现每座城外都有壕沟。特别是有座叫三道堰的城邑，城墙外竟有三条壕沟、三条堤埂。经过询问当地人，才知道这就是父亲鲧做的防洪堤和围堰。每年下暴雨的时候，城里人就来加固堤埂和围堰，以防止洪水淹进城里。平原上的城邑之间，水系众多，雨季洪水乱冲，平原变成一片泽国。为防止岷江上游冲下来的山洪肆虐，所有城邑都在城外筑堤围堵洪水。由于这块平原自西北向东南倾斜，岷江水从上游下来有一定落差，山洪来得快也消得快，城外围堵的治水方式能应付短时间的洪水。有的年份遇到岷江特大山洪来袭，有的城邑就被摧毁了。小禹看到废弃的城邑，心里很难过。他觉得光靠围堵是不够的，还应该想法开沟排洪，不让洪水在平原上乱窜横行。小禹回到石纽寨，一直在想着如何治水。

第二年，天降大雨，山洪暴发，石纽山下各寨按照围堵的办法治水，却无成效。小禹明白父亲就是用这种办法治水九年不成才被流放进而被杀的。这种方法在山里肯定不能用。他想，要治水保寨，必须先弄清山形地势和洪水流向。

小禹爬上石纽山顶观察一番后，发现满山的泥水呈网状向山脚寨子和农田冲刷，寨子的围墙根本堵挡不住山洪的冲击。

小禹终于想出了治水的办法。他和伙伴们一起，在石纽寨周围开出一条条人字形大沟，把洪水排到湔江里去。果然，洪水驯服了，寨子保住了，农田保住了。其他寨子纷纷效仿开沟排洪之法，终于制服了山洪。当地羌人把这种人字形排水沟叫作禹沟。

小禹20岁时，已是一位文武双全、受人拥戴的青年。他在本地治水取得成功的事迹传遍了都广之野的西蜀国。一些年年遭洪水冲击的城邦，都来请他去治水。小禹帮助他们在城外开渠排洪，把洪水排到岷江里去。还顺着过去的排洪道，截弯取直，拓宽掏深，疏通河道，以加大排洪量。这样一来，大大改变了平原上洪水泛滥的状况，收到显著的成效。

公元前2142年（尧七十三年），尧帝命舜摄政，主持部落联盟的军政事务。第二年，舜代天子行事（后世称为摄政王），初次巡视东南西北四方诸侯部落。舜王发现中原洪水泛滥问题仍然严重，便向四岳打听天下还有谁人能治洪水。

第三章

禹任司空

尧崩，帝舜问四岳曰："有能成美尧之事者使居

官？"皆曰："伯禹为司空，可成美尧之功。"

——《史记·夏本纪》

公元前2140年（尧七十五年），小禹23岁。

四岳向舜王举荐崇伯鲧的儿子伯禹，舜王又向尧帝举荐伯禹，尧帝封伯禹为司空，总领治水大业。朝廷派人千里迢迢来到西羌石纽寨，当众宣布了尧帝的命令，石纽寨的乡亲们热烈祝贺，把伯禹抬起来抛了又抛。

伯禹不计个人恩怨，胸怀天下黎民，勇敢地担起了治水重任。伯禹很快招募了一支数百人的治水队伍，把召开誓师大会的吉日定在他的生日那天——六月初六。那天，石纽山下湔江与土门河、青片河汇合的三岔口，聚集了成千上万的乡亲，场面非常壮观，像过节一样热闹。伯禹登上九尺高台，焚高香，祭天地，歃血盟誓，良辰一到，他用力将一支令箭投向江边一根木柱，飞身骑上骏马，率众向岷江进发。

送走子弟兵，族长拔下木柱上的令箭，只见上面写着"出令聂子星纪齐春其尚节化"十二个鸟篆体字。众人不知其意。但族长明白这是伯禹出征的手令，就请石匠把这十二个字刻在三叉口的石柱上永久保存。后来，当地羌人就把这石柱称为"誓水柱"。（宋代《淳化阁贴》收录了"誓水柱"十二字拓片，至今没有统一的释义）

伯禹率队到岷江大拐弯处的漩口（今属四川省汶川县），听当地人说这里因山势突转，每当岷江发大水，都会形成巨大的堰塞湖，下游的百姓都要遭殃。伯禹察看了山势和水脉，召开开工动员大会后，新开了分洪水道，疏通了溮口，消除了水患。首战告捷，鼓舞了士气。东汉《景云碑》上"述禹石纽、汶川之会"的记载，说的就是这件事。

伯禹随即向帝都赶去。他经过边堆山（新石器遗址，在今四川绵阳市）、中子铺（新石器遗址，在今四川广元市朝天区），顺着潜水（今嘉陵江），翻过大散关（今秦岭），沿着渭水顺流东下，渡过黄河。一路上风餐露宿，或骑马，或乘船，或步行，紧赶慢赶，终于来到尧都平阳（今山西襄汾陶寺）。

伯禹由传令官引见，进入尧帝太室。拜见了尧帝、舜王。伯禹叩头拜谢，当着在场的四岳和众臣，一再谦让，推辞司空，要让契、后稷和皋陶来干。众人都说："伯禹为司空，可成美尧之功，可以完成治水大业。"尧帝最后说道："就这样定了。伯禹，你还是快去办你的事情吧。"

在尧帝主政时期，群臣"未有分职"，即没有任命明确的官职。设立司空一职，是部落联盟在行政管理上的一个创新。"司"是司令、司行、管理的意思；"空"是空间、地方的意思。司空就是管理地方事务和建设方面的事务，因为治水涉及水利工程的建设，治水又是当时最重要的地方事务。（司空一职相当于后世的工部尚书和现代的建设部部长和水利部部长。）

在尧帝委任伯禹为司空的朝政会议后，很快由舜王颁布了治水的重要政令。

《史记·夏本纪》记载：

> 禹乃遂与益、后稷奉帝命，命诸侯百姓兴人徒以傅土，行山表木，定高山大川。

禹和益、后稷三人受帝命组成了治水指挥部，三人的职责和分工大致如下：

禹，治水总指挥，对治水工作负总责。

益，本是主管林业和畜牧业的朝臣，现在要协助禹着重于恢复农业生产。

后稷，本是主管农业的朝臣，现在要协助禹着重于社会救助。

实际上，协助禹治水事业的不只是益和后稷两位大臣，还有更多的朝臣配合，因为治水既是部落联盟领导人的大事，也是全天下的大事，是一项社会系统工程。

这项政令传达到"诸侯百姓"（在东周以前，百姓是对百官贵族的通称，平民是没有姓的），即社会上中层人士。"诸侯百姓"，有权有财，是部落联盟领导人施政的依靠力量和社会基础，政令规定的第一项工作就是调集人力即"兴人徒"运土。"人"指庶人，就是平民。"徒"指刑徒，是服劳役的奴隶和半奴隶。在治水工程队中平民大概主要任监工，而刑徒无疑只能是苦力了。政令要求"行山表木"，就是要进行山川踏勘和水情考察，深入实际，砍削树木，设立道路和水文标记。政令要求"定高山大川"，即确定高山大川的名称、道路远近及治水要达到的目标，让高山大川安定，永无水患。

在这项治水政令发布前，在委任伯禹为"司空"的朝政会议上，禹曾经极力推让给契、后稷、皋陶。禹的推让不仅是品德层面上的谦让，而且是感到治水责任重大，担心完不成治水大任，落得与父亲同样的下场。

现在治水政令颁发了，伯禹感到有一股劲正在体内潜滋暗长。他与益、后稷聚在一起，仔细商量一番，带上勘测助手大章、竖亥等人，很快就离开了都城，奔赴治水第一线。

伯禹接受司空重任后，心情非常沉重。虽然父亲伯鲧是被舜王流放致死的，但伯禹对舜王却恨不起来，因为舜王是代表尧帝的。对至高无上的联盟领袖尧帝的绝对忠诚和服从，使伯禹不能有丝毫忤逆之心。因为舜王代行天子事，是以天意之名行使权力，伯禹对神秘的天更不敢有不敬和怨恨。既不敢恨又不能恨，伯禹心中的悲哀和痛苦是常人无法排解的。治水是救民出水火之大公，是继承父亲未竟遗愿之大孝。伯禹毕竟是能够分清轻重高下之人，是具有大智大勇之人。他深知司空这个职位的分量，是凝父子心血、奠家族基业、担天下大任、创万世未来的职位。只能倾毕生而作为，用生命去拼搏。

尧帝任命伯禹为司空担当治水大任的政令传到黄河下游治水工地时,正值冬季。受涝的土地积水没有排出,水面结了厚厚的冰,黄淮平原成了一片冰原。在这样一个难熬的冬天,伯禹心情如坚冰。但他毕竟不同于一般人,他要从悲痛中坚强起来,"化悲痛为力量"。

伯禹走上部落联盟治水领导岗位后,首先到治水第一线去摸清情况,了解治水工地现状。他带着益和后稷等助手顶风冒雪,奔走在黄淮平原各个部落之间。那些曾受到水患危害的人们,都对伯鲧的儿子表达着内心的同情。那些在洪水中失去家园的人们,纷纷要求加入治水队伍。部落首领们很支持治水工程,比往年捐助了更多的物资。

治水工程队经过一冬的人员充实、物资筹集和队伍休整,重新焕发了生机。春耕夏种、抢险救灾、安置难民、泄洪排涝、农田整修,秋收冬藏,忙都忙不完。伯禹一年没有休息就这样过来了。

伯禹在这一年中,思考了很多问题。父亲在中原治水九年,为什么没有成功?洪水到底该怎么治?治水任务怎么分配?后勤物资如何保障……实践和思考使伯禹变得更加聪明更加成熟起来。

伯禹与父亲的行事作风完全不一样。他认为,治理洪水应因势利导,采取疏导为主、围堵为辅的方法。具体治水方案的制订实施、人员的补充调配、粮食工具等物质的保障、部落之间事务的协调等,作为治水的总负责人是不能自行解决的。必须依靠部落联盟领导人、四岳、群臣和各部落首领的大力支持。

伯禹每隔一段时间就要去都城一趟,或汇报治水工作进展情况,或请求解决有关问题和困难。尧帝、舜王对伯禹的表现非常高兴。群臣和四岳经常听到一些治水情况,也表示非常关心。这样一来,君臣之间、臣僚之间有了更多的交流和沟通,伯禹的人际关系非常融洽。

实践能磨砺人,也能成就人。伯禹不仅能得心应手地领导治水工程队,而且能往来协调于部落之间。父亲伯鲧的阴影一扫而空,人们对他刮目相看。尧帝、舜王都很器重他,信任他。四岳和群臣也都交口称赞。

第四章

禹伐相柳

　　共工臣名曰相繇，九首蛇身，自环，食于九土。其所歍所尼，即为源泽，不辛乃苦，百兽莫能处。禹湮洪水，杀相繇，其血腥臭，不可生谷。其地多水，不可居也。禹湮之，三仞三沮，乃以为池，群帝因是以为台，在昆仑之北。

——《大荒北经》

公元前2139年（尧七十六年），伯禹24岁。

伯禹正要全力实施治水方略，发现位于黄河北岸不周山下的共工氏部落国的下臣相繇（yáo，又称相柳）作乱，将黄河北岸的堤坝不断向河中延伸，迫使黄河主干流向南岸冲击，危及南岸民众的生命财产安全。

相柳为什么要作乱呢？原因是这样的。

自尧担任华夏部落联盟领袖以来，由于当时气候异常，形成了长达数十年的洪水期（又称特殊宇宙期）。黄河自西向东全流域的洪水泛滥，特别是进入黄淮平原后，洪水不归槽，形成很多支流。加之海平面上升，洪水入海速度缓慢，形成了很多湖泽，人们被迫移居山地或高丘，与鸟兽争食，苦不堪言。

许多民众本能地排水筑坝保生存，或逃荒避灾求活命，自发、分散地被迫与灾害抗争，开始了最初的治水活动。

尧帝感到部落联盟不能在洪水面前无所作为，必须发挥领导作用，一定要寻找能治水的专门人才。

《史记·五帝本纪》记载：

尧曰："谁可顺此事？"放齐曰："嗣子丹朱开明。"尧曰："吁！顽凶，不用。"尧又曰："谁可者？"驩兜（huān dōu）曰："共工旁聚布功，可用。"尧曰："共工善言，其用僻，似恭漫天，不可。"

尧帝主持部落联盟最高议政会议，讨论重要的人事安排和部落联盟今后的工作重心。

尧帝向群臣询问："你们看谁可以继承我来治理天下？"

一位名叫放齐的大臣说："你的儿子丹朱开朗聪明，可以继位。"

尧帝出于对自己儿子不成气的反感，主张实行"传贤不传子"的禅让理念。他感慨地说："唉！这个不肖之子，思想顽固，行为乖张，不能用。"尧帝对谄媚之言非常厌恶，马上表示反对。

尧帝又询问道："你们看还有什么人可以任用？"

另一位大臣骧兜说："共工能够广泛聚集民众，布置安排事情，做出了业绩，可以任用。"

尧帝说："共工夸夸其谈，爱搞歪门邪道。表面上看起来很恭顺，实际上却不知天高地厚，不能用。"

尧帝接连否定了大臣的推荐，但苦于无人能治水，共工后来还是被试用为工师。

尧帝十九年命共工治河。共工这个人果然骄横怪癖。用的是筑堤围堵的方法，每年暴雨季节，河堤就被洪水冲毁。毁了又筑，筑了又毁，劳民伤财。经过数十年，仍然没有成功。

《史记·夏本纪》记载：

> 尧求能治水者，群臣四岳皆曰鲧可。尧曰："鲧为人负命毁族，不可。"四岳曰："等之未有贤于鲧者，愿帝试之。"于是尧听四岳，用鲧治水。

尧帝向群臣和四岳征求能治洪水之人。

群臣和四岳一致推荐："鲧可以胜此重任。"

尧帝对鲧这位黄帝家族中的亲叔叔怀有很深的成见，他说："鲧这个人违背天命，败坏家族和睦，不能用。"

四岳不像放齐和驩兜两位大臣那样谄媚、唯唯诺诺，为鲧进行了申辩，还拿很多人与鲧进行比较，他们的结论是："比较起来，没有人比鲧更强了，希望尧帝试用一下吧。"

由于四岳全力挺鲧，面对洪水灾害的严峻形势，尧帝最终听从群臣和四岳的推荐和建议，任用鲧治水。

尧帝六十一年，封鲧为崇伯（封地在崇高山，今河南嵩山一带），负责治水大业。

崇伯鲧治水，刚愎自用，仍用围堵的办法治水，九年无成效，被舜王流放于羽山（今江苏省连云港市赣榆区与山东省交界处），后沉羽渊（深水潭）自杀而亡。

相柳听说伯鲧的儿子伯禹担任司空统领治水，其治水方法是以疏导为主，开沟排洪，导流入海。又听说伯禹要在共工氏部落国地盘上开渠分洪，于是决定在黄河北岸筑堤，不允许在北岸分洪。

伯禹将相柳的作为禀告尧帝后，尧帝随即命令伯禹组建治水军，征伐共工部落国。

相柳部落的人围着族神九头蛇，在黄河北岸举行祭祀，原始的"啊——呼——吁——唏——嘘"的吼喊声响彻天地。

相柳大声喊道："天地万物的神灵，共工氏族的先祖，乞求你们，保住我相柳部落堵水的堤坝，保住我相柳部落的家园！"

伯禹带着治水军渡过黄河，开进相柳部落。伯禹命令随从大章留守营地，自己带着随从竖亥去见相柳。伯禹大声斥责："大胆的相柳！本司空奉帝命治水，三次传命于你，你竟敢不遵！上流之水即将到来，再不毁堤迁徙，你部落人畜将葬身大泽！"

相柳说："不是我不愿从命，而是族人难舍家园。我们付出了多少血汗和艰辛才有这高筑的堤坝，挡住了滚滚洪水，使我们部落得以生存。司空大人，请你撤销毁堤迁徙令，把你勘定的河道改线，免得我们重建家园，再吃第二遍苦。"

伯禹说："相柳啊，本司空何尝不知在这个年月生存的艰辛和重建家园的苦痛？几十年来，洪水成灾，久治无功，都是因为天下各部落，以邻为壑，筑堤自保，致使百川壅塞，洪灾更甚。为使天下之水，顺人意而东流入海，我不能为保你一族的利益而损害百族的利益，不能改变开凿疏导的治水法则，更不能改变勘定的河道！望你以天下苍生为念，为水让路！"

相柳说："这路，我倒肯让，只是九头蛇神，它要人的鲜血祭洒。"

伯禹的随从竖亥大怒："相柳，你敢用司空大人之血祭你族神？"

相柳道："神不见血，水路难通！"

竖亥气得拔刀相向，伯禹急忙制止，自己拔刀在手。竖亥急抓伯禹的手，说道："司空大人！治水以来，你废寝忘食，栉风沐雨，劳身焦思，苦累心力。昨晚你还吐了血，你不能再出血了。"

伯禹神色严肃，面向竖亥说："只要天下洪水得治，我禹何惧一腔热血？！"他甩开竖亥的手，举刀面对九头蛇神，庄重宣告："九头蛇呀，相柳部落的族神！我禹治水，路经此地，请你念在天下苍生饱受洪灾之苦，请你念在我禹治水之心甚切，为治水让路！我以我血，祭洒神前！"说完用刀刺破手臂，鲜血洒向九头蛇神。

竖亥大声喝道："相柳！还不令你族人毁堤迁徙！"

相柳恶狠狠地回答："休想！除非杀了我！"

伯禹气愤地对相柳说道："本司空血也流了，神也敬了，你相柳言而无信，冥顽不化。三天之后，再不从命，定斩不饶！"

相柳恶狠狠地叫道："三天之后，不是我死，就是你亡！"

伯禹回到营地，整军备战。相柳煽动族人，以武力对抗。

三天之后，一场恶战，伯禹指挥治水军打败了武力反抗的相柳部落，杀掉了相柳，把其余顽抗之人赶进了不周山。

（这段故事源于《山海经·大荒西经》"有禹攻共工国山"的记载。《山海经·大荒北经》有"共工臣名曰相繇……禹湮洪水杀相繇"的记载。今河南省辉县尚存有共工氏故城遗址，辉县靠南太行山处尚有不周山地名遗存。）

第五章

禹奠山川

禹乃遂与益、后稷奉帝命，命诸侯百姓兴人徒以傅

土，行山表木，定高山大川。

——《史记·夏本纪》

伯禹率军平定了相柳部落的反抗后，又全力投入了平治水土的工作。在当时的农耕社会，由于水患连年，洪涝肆虐，本来就很低下的农业生产力遭到了极大的破坏。恢复生产力，增强抵御水患的能力，是抗洪救灾的头等大事。

以伯禹为首的治水指挥部认真执行舜王的政令，研究救济灾民的办法。

治水总指挥伯禹向助手益发出了指令："把稻种分发给广大民众，教他们在低洼的地方开垦水田种植水稻。"伯禹又与益一起向灾民分发稻种，传授种植技术。与灾民一同挨饥受苦，很少有东西吃。他们为民谋利，却不与民争食。

治水总指挥伯禹又向助手后稷发出指令："命令后稷对缺粮民众进行救济，将难得的食物分给大家。对粮食缺少的地方，就从粮食有余的地方进行调剂，使各部落之间大致均等。"

"调有余补不足"，是部落联盟时期各部落之间关系融洽、依存度高、社会和谐的表现。同时，也是部落联盟管理公共事务能力加强、领导得力、运作正常，行政职能得到发挥的表现。更是以伯禹为首的治水指挥部勇担责任、任劳任怨，具有很强的行政执行力的表现。

兴建灾民安置房，是伯禹和后稷一道抓的事情。灾民有个家，他们就能生产自救，就可以全力投入治水工作。

伯禹和后稷为了早日建成"安置房"，披星戴月，日夜操劳。他们带领灾民一起干，比大家吃的苦多、受的累多。灾民们非常感动，精心准备了一顿便宴，一是为了表达对伯禹和后稷的深情厚谊，二是为了庆祝安置房的建成。

然而到了开宴的时候，伯禹和后稷却悄悄地离开了，匆匆忙忙地赶往下一个受灾的部落。灾民们跪在地上连连叩拜。

伯禹和益、后稷安排好恢复生产和安置灾民的大事后，又开始了一项新的工作——行山表木，定高山大川。

"行山表木"，就是要深入调查，摸清江河湖泽的水文地质情况。伯禹领着一班人，翻山越岭，一步一步地进行踏勘测量。"表木"就是树立木桩，标明高山大川名称、道路走向、地势高低及方位记号等。

他们用的是什么测量工具呢？"左准绳，右规矩。""准"是取水平的工具，后世发展为水平仪。"绳"是取直线的工具，可以计量长度、远近，后世发展为步弓、皮尺、卷尺。"规"是画圆的工具，后世称作圆规。"矩"是画长方形、正方形的工具，后世称作角尺。他们运用"勾三股四弦五"的规律进行计算，后世称为"勾股定理"。

伯禹一班人就是使用这些原始的测量仪器，沿着江河水流的走向，跋山涉水，一边测量，一边树立木桩标志，还在丝帛上画图，并配上简单的文字表示。

伯禹一班人进行山川测量，不是短时间外出，除了带上测量工具，还要"载四时"，就是"装载着一年四季的衣物"。连续数月行走在荒山大川中风餐露宿。气候多变，温差很大，衣服食物是维持长期考察的必需品。

他们乘的是什么交通工具呢？有四种主要工具："陆行乘车，水行乘船，泥行乘橇（qiāo），山行乘昨（wěi）。"

"陆行乘车"，陆行主要靠徒步，乘车的机会很少。伯禹在治水过程中几乎跑遍了中原以及边远地区的大小部落。因为很多事情需要各部落的参与和支持，必须深入各部落才能了解情况，协调处理问题和矛盾。只有前往那些平原地区的大部落时，土路比较宽路况比较好时，才有乘车代步的可能。

"水行乘船"，船是重要的水上交通运输工具。因为连年洪水泛滥，低洼之地变成水乡泽国，道路淹没了或冲毁了，很多地方阻隔不通，部落之间往来受到限制，很不方便。伯禹一班人顶风冒雨，涉水渡河，舍命奔波，水行乘船是非常重要的行路方式。

"泥行乘橇"，是洪涝灾害年代很特殊的一种行路方式。橇基本上与独木舟一样，用大树树干挖空制成，长短大小不等，平底尖头，尾部敞口，头部有多个孔洞，用来系绳索供人牵拉。在洪水多年不退的情况下，低洼地区会形成许多大小不等、深浅不一的沼泽湿地。泥橇就是在沼泽泥泞地区适用的交通运输工具。乘橇这种行路方式虽然有危险性，但伯禹一班人为了治水，也必须冒险泥行乘橇。

"山行乘昪"，这是走山路登高山的一种方式。"昪"是最古老的登山鞋，这种鞋底上有齿，登山时具有省力和防滑的功能，后世发展为"爪子鞋""钉子鞋"。为了保护好一双脚，为了在雨天上山下坡省力和安全，伯禹一班人在治水中只好山行乘昪。

伯禹不是为走路而走路，而是为治水而奔忙。伯禹经常头戴斗笠，手执水平器或铜锸，带领一班人，在江河中行船，在荒野上露宿，在高山上攀爬，在沼泽里跋涉，在酷暑中奔波，在风雨中历险，在雷电中拼搏，历尽艰辛，走了一年又一年。

治水是一项社会系统工程，涉及方方面面的事情很多。导洪排涝，筑堤修路，救灾济荒，水文地质调查，治水任务的实施，伯禹都要与各部落进行沟通协调。很多事情都要到现场去完成，所以必须以身作则、亲力亲为。

伯禹领导的治水大业，是代表部落联盟的治水大业。一个人无法治水，一支队伍也包揽不了全天下的治水工作，必须统筹安排、分区域治水，而不能由部落联盟大包大揽。在特定的相对分隔的区域内，由伯禹为首的治水指挥部有意识地组织区域内的部落，协调配合，一道治水。这有利于任务分配、责任落实、人力调集和财物调配使用，容易形成一种合力。

地缘合力在治水过程中初显成效，治水实践提出了划分区域的要求。通过年复一年的治水，特定区域内的领导和管理机制逐步形成并趋于稳定。这为后来划分各州奠定了基础。

通过多年的调查研究和治水实践，伯禹形成了成熟的治水方略：部落联盟、各区域（各州）和部落三级负责，协同治水；治理江河干流和支流，导洪入海，由联盟治水指挥部和各区域（各州）管理机构共同负责；疏通沟渠入江河，由各区域（各州）负责；以疏通沟渠为主体的农田水利由各部落负责。实行分级负责制。这是伯禹领导下的治水体制和机制的伟大创造。

禹娶涂山

禹曰："予娶涂山，辛壬癸甲。启呱呱而泣，予弗
子，惟荒度土功。弼成五服，至于五千，州十有二师。
外薄四海，咸建五长。各迪有功，苗顽弗即工。帝其
念哉！"

——《尚书·皋陶谟》

中原的洪水泛滥主要发生在黄河和淮河流域。淮河干流位于南方和北方的地理分界线上，淮河水系是介于黄河水系和长江水系的中间水系。伯禹治淮的步骤是：从源头开始，疏通河道，然后治理中下游的水患，最后导淮入海。

　　位于淮河中下游的涂山氏国（部落诸侯国，在今安徽省蚌埠市），首府在涂山北坡。涂山氏首领和民众热烈欢迎伯禹领导的治水队伍前来治淮。

　　淮河源头位于桐柏山区。那里地势高，水害较轻。治水队伍到来时，山区的部落首领无支（pū）祁煽动民众闹事，不让其施工。

　　伯禹先后派出三支武装上山作战，终于把无支祁捉拿归案，关押在涂山脚下淮水之滨。后来这段水域就被称作支祁川。

　　那年三月十五，伯禹在涂山下举行公审，判处无支祁长期监禁。民众贬称无支祁为水中作怪的蛟。以后每年这天，都要举行"惊蛟会"，以示庆祝。

　　从桐柏山区下来的洪水，流到淮河中游的峡石山口时受到阻碍，水流不畅。伯禹指挥治水队伍拓宽山口，使洪水顺利东流。

　　洪水流到涂山之南，涂山和荆山一脉相连，又阻碍了水路。伯禹和涂山氏首领组织专业队伍和当地民众，疏通山谷，使洪水经过山峡继续东流。后来这个山峡被称作涂荆峡。

在淮河下游，伯禹在涂山氏部落的支持下组织了众多的人力，开凿水道，使淮河与泗水、沂水相汇合，最后使洪水从淮河的入海口流进东海。

伯禹在治理淮河的过程中，经常与涂山氏首领议事，结识了涂山氏首领的女儿女娇。女娇是当地最美丽的少女，伯禹是英俊的治水总指挥。两人互生爱慕，日久情深。

伯禹忙于治水，耽误了约会。女娇派侍女迎候于山坡下，并唱道："等候人啊，多么长久！"（《吕氏春秋》收录的"候人兮猗"诗句就出自这里，被后世史学家称为"南音之始"，意即南方的民歌从这里发端并传播开来。）

伯禹早就应该成婚了，但父亲到中原治水后，无法为他成婚。父亲治水九年无成而死，伯禹更是无心成婚。伯禹担任司空总领治水大业以来，更是无暇考虑个人婚事，全心全意地投入治水之中，公而忘私。

公元前2133年（尧八十二年），伯禹30岁时，决定与女娇成婚。他怕错过时制，耽误他和女娇的终身大事。无后是不孝，无后是大罪，他不敢再拖了。

这年三月二十八日，涂山氏为他们举行了隆重的婚礼。到处张灯结彩，鼓乐声声，热闹非凡，欢乐的花灯歌舞延续三天三夜。涂山氏的歌舞后世发展为花鼓灯，每年的三月二十八日被定为花鼓灯节。

伯禹怕耽误了治水大业，在成婚第四天就辞别了心爱的妻子女娇和涂山的父老乡亲，奔赴治水第一线。虽然舍不得伯禹离开，但为了支持丈夫，女娇含着眼泪，只说了一句话："夫君啊，你要常回家来看看。"伯禹一边挥手，一边回答："你放心，我会回家来看你的！"

第二年开春，女娇在涂山部落的家里生下一个男孩，依照伯禹临走前留下的话，取名为启。启即开的意思，表示是在开通了涂荆峡后结婚生的孩子。

伯禹在离家治水的漫长岁月里，曾经三次来到涂山地区，有时甚至听到儿子的哭声，都因治水事务繁忙未能回家看望女娇母子。（这为后世留下了"三过家门而不入"的千古佳话。）

女娇时常带着启儿在涂山远望，盼望丈夫伯禹回家团聚。女娇母亲不放心，只好陪着女娇母子一同上山眺望。这一天，祖孙三代人在山上一直望到夜晚。

女娇喊着："伯——禹……"

启儿喊叫："爹——爹……"

女娇望眼欲穿，柔肠寸断，思念丈夫的泪珠连成线。

娇母说："女娇，你看那一弯残月就要落在山后了……"

女娇说："月落了，天亮了，伯禹就要回来了。"

启儿拍着手："好呀！天亮了，我爹就要回来了……"

娇母说："女娇，起风了，回去吧……"

女娇却说："起风了，风会传去女娇对伯禹思念的心声……"

启儿说："爹，我们想你呀！风呀，快吹吧……"

娇母劝女娇说："下雨了，我们回去吧！"

启儿也说："娘，我们走吧……"

女娇眼中生出幻觉："看！看——那是什么？"

娇母说："那是狂风卷动的流云……"

女娇说："流云的下边……"

娇母说："流云的下边……是座山……"

女娇说："山的路上……有人！是伯禹！"

启儿："我爹？"

女娇一边喊着"伯禹"，一边往山下奔去。

启儿一边喊着"娘"，一边扶着娇母追下山去。

女娇在幻觉中温情脉脉地说："伯禹，我给你生了一个儿子，取名启儿，长得和你一样。他开口说的第一个字就是爹。喊爹都喊了几年，现在都这样高了……走，回家去看看我们的儿子……"

第七章

禹受玄圭

　　于是帝锡禹玄圭，以告成功于天下。天下于是太

平治。

——《史记·夏本纪》

伯禹领导的治水工程，是代表部落联盟领导的全天下治水工程，遍及当时的黄河流域、淮河流域和长江流域的众多水系，实行分区域（后划定九州）组织治水。大禹为首的治水指挥部，负责组织专门队伍调查研究，统筹规划，技术指导，实施重大工程等。

根据《史记·夏本纪》的记载，可见伯禹领导的治水概况。

（一）冀州治水

禹行自冀州始。冀州：既载壶口，治梁及岐。既修太原，至于岳阳。覃（qín）怀致功，至于衡漳。……常、卫既从，大陆既为。

治水先从尧都所在的冀州开始。在冀州，先治好壶口，再治理梁山和岐山，治理好太原地区，一直到太岳山南，覃怀地区治理成功，又治理了衡水和漳水。……常水、卫水疏通了，大陆水泽也整治完成。

冀州的壶口工程，是部落联盟的重点工程，也是伯禹领导治水的标志性工程。壶口位于黄河中游龙门山附近峡谷中的卡脖子地段，巨石横亘河的中间。

一壶阻凿，洪水难平，生死存亡系于此处。伯禹组织治水工程队，用铜器、石器、木器等工具不断开凿崖壁，慢慢拓宽壶口，利用激流冲垮巨石。从而使河床从300多米一下子挤压成50米。河水从这里的断层石崖上飞泻而下，跌落至深约50米、宽约30米的石槽之中，惊雷喧天，磅礴震撼，被后世称为"黄河之水天上来"。因伯禹指挥开凿壶口，这里又被称为"禹门口"。又因壶口位于龙门峡谷，又被称为"禹开龙门"。由于在激浪中常有鲤鱼跳跃，又被称为"鲤鱼跃龙门"。

（二）沇州治水

济、河维沇州：九河既道，雷夏既泽，雍、沮会同，桑土既蚕，于是民得下丘居土。

济水与黄河之间的地区是沇州。（伯禹）对境内九条河流进行了疏导，雷夏泽蓄水成为湖泊，雍水和沮水汇入湖中，土地种桑养蚕，民众也能从山上迁到平原定居了。

（三）青州治水

海岱维青州：嵎夷既略，潍、淄其道。

大海与泰山之间的地区是青州。嵎夷地区基本治理，潍水和淄水也得到了疏通。

（四）徐州治水

海岱及淮维徐州：淮、沂其治，蒙、羽其艺。大野既都，东原底平。

大海、泰山与淮河之间的地区是徐州。境内淮河和沂水得到治理，沂蒙山与羽山一带可以种植了。大野泽成了蓄水湖，东原的水也都退去。

（五）扬州治水

淮海维扬州：彭蠡（lí）既都，阳鸟所居。三江既入，震泽致定。

淮河以南与大海以西的大片土地是扬州。鄱阳湖蓄满了水，成为大雁的栖息地，三条江河畅通入海，太湖地区安定了。

（六）荆州治水

荆及衡阳维荆州：江、汉朝宗于海。九江甚中，沱、涔已道，云土、梦为治。

荆山到衡山以南的大片地区是荆州。长江、汉水汇合后奔向大海，众多支流汇入长江之中。沱水和涔水已疏导，云泽和梦泽也已治理好。

（七）豫州治水

荆河惟豫州：伊、洛、瀍（chán）、涧既入于河，荥波既都，道荷泽，被明都。

荆山到黄河以南的地区是豫州。伊水、洛水、瀍水、涧水等支流都已疏通流入黄河，荥波泽汇成湖泊。已疏导了菏泽，修筑了明都泽堤防。

（八）梁州治水

华阳黑水惟梁州：汶、嶓既艺，沱、涔既道，蔡、蒙旅平，和夷厎绩。

华山以南到黑水（金沙江）之间的区域是梁州。岷山、嶓冢山（今陕西省宁强县北）已经耕种了。沱水（今四川省沱江）和涔水（今嘉陵江上游）已疏导，蔡山（今四川省乐山市峨眉山，一说今雅安市城东周公山）和蒙山（今雅安市蒙顶山）已经治好可以旅祭，和夷（西南夷）地区初见绩效。

（九）雍州治水

黑水西河惟雍州：弱水既西，泾属渭汭（ruì）。漆、沮既从，沣水所同。荆、岐已旅，终南、敦物至于鸟鼠。原隰（xī）厎绩，至于都野。三危既度，三苗大序。

从黑水（今甘肃省布隆吉河支流之党河）到西河（今陕西、山西两省边界处的黄河）之间的区域是雍州。弱水（今甘肃省张掖河）疏通向西流去，泾水汇入渭水。漆水、沮水跟着流入渭水，沣水同样流入渭水。荆山、岐山的道路已开通，终南山、敦物山一直到鸟鼠山都治理完毕。平原和洼地的治理见到成绩，一直到都野泽都得到整治。三危山（在今甘肃省敦煌市南）已经过治理，三苗的一部分被迁至三危，大有秩序。

根据《史记·夏本纪》的记载，还可见伯禹领导"道九山"和"道九川"的概况（"道"即是"导"）。

汧（qiān）及岐至于荆山，逾于河。

汧山，在今陕西省陇县西南，东邻岐岫，西接陇冈。岐山，在今陕西省岐山县。荆山，在今陕西省富平县西南（此处的荆山不是"荆河惟豫州"与"荆及衡阳维荆州"之荆山）。

壶口、雷首至于太岳。

壶口，就是今黄河壶口。雷首山，在今山西省永济市南。太岳山，在今山西省霍州市东面，又称霍山。

砥柱、析城至于王屋。

砥柱山，在黄河中，今山西省析城西面。析城山，在今山西省阳城县西面。王屋山，在今山西省阳城县南面、河南省济源市北面。

太行、常山至于碣石，入于海。

太行山，绵亘于今河北、山西、河南三省交界地。常山，在今河北曲阳县西北。碣石山，在今河北省昌黎县渤海之滨。

西倾、朱圉（yǔ）、鸟鼠至于太华。

西倾山，在今甘肃省临潭县西南。朱圉山，在今甘肃省天水市西南。鸟鼠山，在今甘肃省渭源县西。太华山，即华山，在今陕西省华阴市南。

熊耳、外方、桐柏至于负尾。

熊耳山，在今河南省卢氏县东。外方山，即嵩山，在今河南省登封市北。负尾山，在今山东省泗水县东。

道嶓冢，至于荆山；内方至于大别。

嶓冢山，在今陕西省宁强县北。汉水由此发源。荆山，在今湖北省南漳县西。内方山，在湖北钟祥市西南。大别山，在今湖北省武汉市蔡甸区东北，一名鲁山。

汶山之阳至衡山，过九江，至于敷浅原。

汶山，在今甘肃、四川两省相邻地区。衡山，在今湖南省衡山县西北。九江，这里指的是今湖南省洞庭湖一带。敷浅原，即今江西省庐山一带。

弱水至于合黎，余波入于流沙。

弱水，即今甘肃省张掖河，俗称黑河。合黎山，在今张掖市高台县北面。流沙，即沙漠。这一句的意思是，疏导弱水一直到合黎山以远的沙漠。

道黑水，至于三危，入于南海。

黑水指流经甘肃省肃北县一带的党河，发源于敦煌市，北经三危山西面。南海即今党河南山尽头、青海省境内疏勒南山西面的哈拉湖。

道河积石，至于龙门，南至华阴，东至砥柱，又东至于盟津，东过洛汭，至于大邳，北过降水，至于大陆，北播为九河，同为逆河，入于海。

疏导黄河从积石山（在今甘肃省临夏市）到龙门（在今山西省河津市与陕西省韩城市之间的壶口），向南到华阴（今陕西省华阴市）。向东到砥柱（今河南省三门峡"砥柱中流"），向东到盟津（今河南省洛阳市北）。向东过洛河，到达大邳（今河南省浚县东南）。向北过降水（今河南漳河），到达平原大地。又向北疏，为九河分流，九河下游因海水逆潮称为逆河，最后引导黄河入海。

嶓冢道漾，东流为汉，又东为苍浪之水，过三澨，入于大别，南入于江，东汇泽为彭蠡，东为北江，入于海。

从嶓冢山（在今陕西省宁强县北）疏导漾水，流向东边称为汉水，又向东称为苍浪之水。经过三澨水（又名三参水），到大别山（今湖北省汉阳县东北，一名鲁山），向南汇入长江。向东汇入大泽彭蠡（今鄱阳湖）。东面为北江（长江干流，古人曾以溧水为中江，吴淞江为南江），最后入于大海。

汶山道江，东别为沱，又东至于醴，过九江，至于东陵，东迤北会于汇，东为中江，入于海。

上古之时，人们以汶江为长江之源。在汶江出山口处（今四川省都江堰市，古称灌口、灌县），疏导岷江，分流一支汇入沱江，岷江和沱江都汇入长江。又向东到醴水（今湖南省桑植县西北）。过九江（今湖南省洞庭湖），到达东陵（今湖南省岳阳市）。长江向东逶迤而北，与汉水汇合后向东进入大海。

道沇水，东为济，入于河，泆为荥，东出陶丘北，又东至于荷，又东北会于汶，又北东入于海。

疏导沇水（今河南省济源市），东流为济水（源出今河南省济源市西王屋山，东南流入猪龙河）。入今黄河（其故道本过今黄河南，与禹时黄河平行入海），分洪于荥泽（遗址在今河南省荥阳市）。向东经过陶丘（在今山东省菏泽市定陶区西南），到菏泽（今山东省菏泽市），又东北汇入汶水（正流名大汶河，发源于今山东莱芜市东北），又从北东方向入于大海。

道淮自桐柏，东会于泗、沂，东入于海。

从源头桐柏山（位于今河南省唐河县与湖北省枣阳市交界处）疏导淮河，开始向东汇入泗水和沂水（在今山东省南部），向东流入大海。

道渭自鸟鼠同穴，东会于沣，又东北至于泾，东过漆、沮，入于河。

自鸟鼠山（在今甘肃省渭源县西）疏导渭水，向东北汇入沣水、泾河（在今陕西省关中盆地），又向东经过漆水、沮水，从渭水入于黄河。

道洛自熊耳，东北会于涧、瀍，又东会于伊，东北入于河。

疏导洛水（洛河）自熊耳山（在今河南省西部）开始，东北汇入涧水（今名涧河，源出河南渑池县东北）、瀍水（又名谨河，源出河南孟津县西北），又东汇于伊水（伊河），向东北方向汇入黄河。

于是九州攸同，四奥既居，九山刊旅，九川涤原，九泽既陂（bēi），四海会同。六府甚修。

经过十多年的艰苦奋斗，在伯禹的领导下，九州范围内的水土都得到了平治。东南西北四方土地都可以居住。九州之山都开辟了旅祭通道。九州之川流都得到了浚涤而无壅塞，九州之湖泽都已蓄水并修筑了堤岸，而无决溃。四海之内都得到了共同治理，六府也治理得很好。

公元前2129年（尧八十六年），伯禹34岁。

伯禹领导的治水大业，经过12年艰苦卓绝的努力奋战，终于取得全面成功。大禹回到都城，报告喜讯。

于是帝锡禹玄圭，以告成功于天下。天下于是太平治。

尧帝在朝堂主持仪式，向伯禹颁发了最高奖品——玄圭（黑色的上尖下方的玉板），并告知天下，宣布治水成功。朝堂上下欢声笑语，欢庆出现了几十年来渴望的太平盛世。

《史记·秦本纪》记载：

> 女华生大费，与禹平水土。已成，帝锡玄圭。禹受曰："非予能成，亦大费为辅。"帝舜曰："咨尔费，赞禹功，其赐尔皂游。尔后嗣将大出。"乃妻之姚姓之玉女。

伯禹没有独占功劳，居功自傲，而是想到了一起共事的治水大臣和各部落首领，禹特别提到大费（益）。在伯禹的推荐下，尧帝奖励大费一面带有飘带的黑色旌旗，还把一位姓姚的美女嫁给大费为妻。伯禹不居功独占的高尚品格，赢得了无数人的口碑。

伯禹被尧帝封为夏伯，封地在崇高山（后称嵩山）以南的阳濯（今河南省禹州市）。伯禹因治水功劳特大，被人们称为大禹。大禹这个名字从此世代传颂。

第八章

禹为神主

于是天下皆宗禹之明度数声乐，为山川神主。

——《史记·夏本纪》

大禹回到都城，本想休息一段时日，但很快想到，自己是联盟重臣，官居高位，重任在身，不能懈怠，只能勤恳做事，为民勤政，忠于职守。

没过几天，摄政王舜召开了一次重要的朝政讨论会。通过这次会议，朝堂中对大禹的功绩形成了总体评价，从而使他成为一颗耀眼的政治明星。

对这次朝政讨论会，《史记·夏本纪》记得很翔实。参加这次会议的重要大臣，有司空大禹，刚刚完成治水大业，回朝准备述职；伯夷，礼仪官，谦虚礼让，未发一言，只当听客；皋陶，大法官，主管刑狱，断案公正，受人称道。

> 皋陶述其谋曰："信其道德，谋明辅和。"禹曰："然，如何？"皋陶曰："于！慎其身修，思长，敦序九族，众明高翼，近可远在已。"禹拜美言，曰："然。"皋陶曰："于！在知人，在安民。"禹曰："吁！皆若是，惟帝其难之。知人则智，能官人；能安民则惠，黎民怀之。能知能惠，何忧乎驩兜，何迁乎有苗，何畏乎巧言善色佞人？

皋陶首先发言，针对为政之道，他说："坚持按道德行事，谋划政策就会显得英明，臣下也能和谐辅政。"

大禹说："你说得对，但是如何做呢？"

皋陶说："啊，要严格要求自己，加强个人修养，如同大家族一样亲和有序，众多贤明高士就会全力辅佐你。政令推行能否由近及远，完全在于自己的德行。"皋陶强调为政者们的道德修养，观点是正确的。

大禹听后表示赞同，拜谢他的美言："你说得对。"

皋陶是搞司法的，很善言辞，紧接着又说："治理天下，在于了解人才，安定民心。"

大禹长期做实际工作，感到皋陶的话有点空泛和理想化。他既认同皋陶的观点，但又有自己的观点，说道："啊，若想达到你所说的那种理想境界，即使尧帝也难做到。了解人才就是明智，就能任命合格的官员。安定民心就要仁爱，给民众实惠。民众得到实惠，就会怀念和拥戴你。既能知人善任，又能惠民，何必担心骥兜那样的坏人？何必迁徙有苗？何必害怕巧言令色的小人？"大禹的意思是，既要有崇高的为政理念，又要有扎实有效的举措，良好的理念要和具体的实践相结合。

皋陶曰："然，于！亦行有九德，亦言其有德。"乃言曰："始事事，宽而栗，柔而立，愿而共，治而敬，扰而毅，直而温，简而廉，刚而实，强而义，章其有常，吉哉。日宣三德，夙夜翊明有家。日严振敬六德，亮采有国。翕受普施，九德咸事，俊乂在官，百吏肃谨。毋教邪淫奇谋。非其人居其官，是谓乱天事。天讨有罪，五刑五用哉。吾言底可行乎？"禹曰："女言致可绩行。"皋陶曰："余未有知，思赞道哉。"

皋陶有一整套治世理论，他按照自己的思想讲下去："对，是这样。检验人的行为有九种品德，我来说说这些品德吧。看一个人的品德要从行事开始，宽厚而严厉、柔和而独立、诚实而恭敬、有序而认真、善良而刚毅、正直而温和、简约而廉洁、果敢而务实、强势但讲理，能具备以上这九种优秀品德，并且保持下去，才能达到天下大吉啊！卿大夫每天要践行三种品德，从早到晚谨慎行事，才能维护好他的家族。诸侯每天要严格恭敬地践行六种品德，认真辅佐王事，才能保住他的封国。天下共主必须集九种品德于一身，并且普遍施行。这样才能使有德之人做官，使所有官吏严肃认真从政，不要让他们搞歪门邪道、阴谋诡计。如果让德行不好的人当了官，那就会乱了天下大事。上天惩办有罪之人，规定五种刑罚来惩治五种罪行。我说的这些行得通吗？"

大禹说："严格按你说的去做，一定会有成效。"

皋陶说："我不敢预知，只是希望有助于天下的治理。"

皋陶这一番说道，全面阐述了他的德治为主、法治为辅的为政理念。特别强调最高领导人要成为全社会的道德楷模，为各级官吏和诸侯做表率，这是很有远见的。

> 帝舜谓禹曰："女亦昌言。"禹拜曰："于，予何言！予思日孳孳。"皋陶难禹曰："何谓孳孳？"禹曰："鸿水滔天，浩浩怀山襄陵，下民皆服于水。予陆行乘车，水行乘舟，泥行乘橇，山行乘檋，行山刊木。与益予众庶稻鲜食。以决九川致四海，浚畎浍致之川。与稷予众庶难得之食。食少，调有馀补不足，徙居。众民乃定，万国为治。"
>
> 皋陶曰："然，此而美也。"

摄政王舜认真听完皋陶的发言后，对大禹说："你也来讲讲高见吧。"大禹回都城后就想好了，要把治水大事进行一次汇报。现在正好做个"述职报告"。

大禹向摄政王舜恭恭敬敬地叩拜后，说："哦，我说什么呢？我每天只想孜孜不倦地做事。"

皋陶随即发问："到底是怎样孜孜不倦的呢？"

大禹很善于讲话，注重务实，突出主题，简明扼要地说道："当年洪水滔滔，浩荡无边，漫山遍野，至今难以忘记。黎民大众都在洪水的威胁下艰难度日。这些年来，我跋山涉水，四处奔波。陆地上、江河中、沼泽里、险峻的山路上，有时乘车，有时乘船，有时乘橇，有时乘昁，到处都留下过足迹。在翻山越岭时，还砍树桩作标志，调查水文地理。我和益一道给民众送去稻种，帮助他们恢复生产，而我们自己缺少食物饿肚子。治水这些年，共疏导九大水系，把洪水引入大海，又疏浚了无数田间沟渠，把内涝排入江河。我还和后稷一起给灾民送去他们难得的食物。缺少粮食，就从有余粮的地区调剂出来救助缺粮地区，迁徙安置那些无家可归的灾民。天下民众都安定了，各诸侯国也得到有效治理。"

皋陶听完后非常敬佩，赞叹道："是啊！治水这件大事你干得确实漂亮。"

大禹的"述职报告"简明扼要，实实在在，没有夸夸其谈，得到了皋陶的由衷赞扬。

禹曰："于，帝！慎乃在位，安尔止。辅德，天下大应。清意以昭待上帝命，天其重命用休。"帝曰："吁！臣哉，臣哉！臣作朕股肱耳目。予欲左右有民，女辅之。余欲观古人之象，日月星辰，作文绣服色，女明之。予欲闻六律五声八音，来始滑，以出入五言，女听。予即辟，女匡拂予。女无面谀，退而谤予。敬四辅臣。诸众谗嬖臣，君德诚施皆清矣。"禹曰："然。帝即不时，布同善恶则毋功。"

大禹治理洪水安天下，十几年来，没有机会在朝堂上长谈议政。禹汇报了治水工作，这是多年来吃苦受累的解脱，他很兴奋，情不自禁地向摄政王舜表达心声。他说："啊，尊敬的君王！处在君王地位的你，可要谨慎啊，行止要冷静。辅佐之臣都很有道德，天下之人就拥戴君王。君王以高尚的品德奉行天帝旨意，上天就会不断地降福给你。"

大禹忠心耿耿的话语深深地打动了摄政王舜，舜深情地说道："啊，臣子啊，臣子啊！臣子是君王的臂膀和耳目。我想为民众造福，你们要全力辅佐。我想仿照古人的样子，按日月星辰天象来制作锦绣服装，你们要确定服装的等级。我想听到各地的音乐，借此考察民风教化情况，听取传播符合五德的言论，你们要协助我聆听分辨。我的言行如有不当，你们要纠正我。

不要当面奉承，背后诽谤。我敬重身边的辅佐大臣。对于那些搬弄是非的佞臣，君王真心推行德政，他们就会被清除。"

大禹说："对。君王如果不这样，好人坏人分不清，就没有功业。"

　　帝曰："毋若丹朱傲，维慢游是好，毋水行舟，朋淫于家，用绝其世。予不能顺是。"

君臣推心置腹，恳切交谈，互相关切，善意提醒，真可谓和谐政治。摄政王舜接着伯禹的话，又提醒臣下说："你们不要学朱丹（尧帝的儿子）那样骄横桀骜，游手好闲，搞什么旱地行船，在家里聚众淫乱，最终不能继承尧帝的大业。对这样的人我是不会顺其自然的。"

　　禹曰："予娶涂山，辛壬癸甲，生启予不子，以故能成水土功。辅成五服，至于五千里，州十二师，外薄四海，咸建五长，各道有功。苗顽不即功，帝其念哉。"帝曰："道吾德，乃女功序之也。"

大禹看到会议的气氛和君臣的情绪都很好，感到君臣在一起议政的机会太难得，自己前面的"述职报告"过于简略，还有一些遗漏，于是接着舜的话头，做了补充汇报："我娶涂山氏之女为妻，结婚四天就离家治水。儿子启出生几年我一眼都没有见过，好像不是我的儿子一样，所以才能完成平治水土的功业。我辅佐君王创建了五级管理制，治理范围达五千里，包括北疆分置的三个州，一共十二个州都任命了州牧，一直到四海之内。每五个诸侯国中设立一个长官。他们都恪尽职守，希望能建功立业。只有三苗凶顽不服管理，工作还没有做好。希望君主对我多多教导。"大禹全面系统的工作汇报，使摄政王舜对大禹治水的艰辛有了更加全面的了解。特别是听了大禹最后诚恳而谦恭的话语，感到非常高兴。他由衷地说道："推行我的德政，是依靠你的功绩逐步取得的。"这句话是对大禹极高的评价，充分肯定了大禹多年来的工作，指出了实现德政理念是大禹坚持不懈的目标，德治社会的建设是大禹长期奋斗的结果。

> 皋陶于是敬禹之德，令民皆则禹。不如言，刑从之。舜德大明。

这次朝政讨论会之后，皋陶对这位长期在外治水的司空大禹有了更多的了解，因此刮目相看；又看到摄政王舜对禹的高度评价，对大禹的道德品行更加敬重。皋陶以大法官的名义发布命令：以禹为榜样，向禹学习！对于那些不执行命令的人，皋陶施以刑罚惩治，从而使舜的德政进一步发扬光大。

大禹在朝政讨论会上得到摄政王舜的赞誉后被树立为"道德模范"，赢得了群臣的敬佩，成为臣民的楷模。这些都为大禹随后被确定为舜的接班人奠定了坚实的基础。

大禹治水成功后，生产发展，天下安定，边远地区的许多部落纷纷归附。东南西北，四海之内都在颂扬尧帝、舜王的德政和大禹的功绩。此时，都城正在筹备一场音乐歌舞庆典。

在一个刻意选择的吉日，明月升起的吉时，在都城中央的露天广场上，盛大的庆典即将开始。

> 于是夔行乐，祖考至，群后相让，鸟兽翔舞，箫韶九成，凤凰来仪，百兽率舞，百官信谐。

这场庆典的音乐总指挥是一位名叫夔的"典乐"官，对乐舞准备得很成熟。尧帝、舜王进场登上土台就座，百官诸侯相让，扮演成各种鸟兽的男女演员翩翩起舞。《箫韶》乐曲共分九章（又称《九韶》《九招》），循环往复演唱。女演员扮成百鸟朝凤，鸟鸣婉转。男演员扮演百兽拥虎，吼声威猛。男女搭配，歌声更亮，舞姿更美，热烈喜庆，激情奔放。百官诸侯互信，一派祥和的景象。

夔乐官用指挥手势向下一按，音乐停止。礼仪官伯夷宣布："现在由舜王作歌，与民同乐！"

舜王本是音乐行家，《箫韶》就是他在南方韶关一带流行的民歌基础上创制的大型乐曲。

帝用此作歌曰："陟天之命，维时维几。"乃歌曰："股肱喜哉，元首起哉，百工熙哉！"

舜王站起身来走到土台前面，伴着《箫韶》的音律，引吭高歌："尊奉天命，做事慎终。"场上掌声雷动，他感到意犹未尽，就接着唱下去："群臣欢喜啊，元首起兴啊，百业兴旺啊！"

皋陶拜手稽首扬言曰："念哉，率为兴事，慎乃宪，敬哉！"乃更为歌曰："元首明哉，股肱良哉，庶事康哉！"又歌曰："元首丛脞哉，股肱惰哉，万事堕哉！"帝拜曰："然，往钦哉！"

接着，大法官皋陶走上土台，先向尧帝、舜王作揖，然后向全场大声说道："你们要牢记君王教诲，勤恳做事，遵守法度，尽忠敬业。"说完后，将舜王的歌词顺序更改后唱起来："元首英明啊，群臣贤良啊，万事兴旺啊！"皋陶唱完一段，听到下边一片欢呼声，接着又唱下去："元首若无大略，群臣懒惰，万事败落！"

皋陶的歌是唱给尧帝、舜王听的，是提醒他们要居安思危，谨慎为君。尧帝站起来，缓缓走到台中，面对百官诸侯与全场民众，泱泱大度地拱手拜谢："皋陶大法官唱得非常对！如果我们胸无大志，目光短浅，离心懒散，就会前功尽弃走向失败。以后我们君臣要同心协力，努力做好各自的事情。"

于是天下皆宗禹之明度数声乐，为山川神主。

这时，礼仪官伯夷大声宣告："大禹治水成功，造福天下，赢得无数赞美之声，各方一致举荐，尧帝、舜王要我在此郑重宣布：尊奉大禹为山川神主。"

原来这场庆典是尧帝、舜王特意安排的，主要是为了表彰大禹的功绩，树立大禹的威望。

伯夷宣布后，全场响起了雷霆般的欢呼声："大禹！神禹！""大禹！神禹！"呼喊声此起彼落，不绝于耳，响彻夜空。

"山川神主"，就是代替山川众神护佑大地生灵的主宰，这既是一个神的职位，又是一个荣誉称号，表明大禹正式跨入由人向神转变的门槛，在登上权力顶峰的道路上又迈出了一大步。

第九章

禹领州伯

遂巡行四渎，与益、夔共谋，行到名山大泽，召其
神而问之山川脉理、金玉所有、鸟兽昆虫之类，及八方之
民俗、殊国异域、土地里数，使益疏而记之，故名之曰
《山海经》。

——《吴越春秋》

公元前2128年（尧八十七年），大禹35岁。

大禹被尊奉为"山川神主"，又开始了新的使命。什么使命呢？尧帝命大禹领统州伯，巡视十二州。

《吴越春秋》记载：

> 遂巡行四渎，与益、夔共谋，行到名山大泽，召其神而问之山川脉理、金玉所有、鸟兽昆虫之类，及八方之民俗、殊国异域、土地里数，使益疏而记之，故名之曰《山海经》。

大禹奉尧帝的命令，与主管农业和林业的官员益和主管音乐的官员夔，共同进行了一次地理资源和风土民情的普查。他们行到名山大川及湖泊，就召集当地名人询问山川道路远近、金玉等各种矿产、珍禽异兽和花草虫鱼等，以及八方民俗风情、过去没有去过的诸侯国和特殊地域，让益疏而不漏地记录下来，形成一本书，名叫《山海经》。

《山海经》记载：

> 禹曰：天下名山，经五千三百七十山，六万四千五十六里，居地也，言其五臧，益其余小山众多，不足记云。天地之东西二万八千

里，南北二万六千里，出水之山者八千里，受水者八千里，出铜之山四百六十七，出铁之山三千六百九十。此天地之所分壤树谷也，戈矛之所发也，刀铩之所起也，能者有余，拙者不足。封于太山，禅于梁父，七十二家，得失之数皆在此内，是谓国用。

大禹说："天下名山，我经历过的山有五千三百七十座，绵延六万四千零五十六里的地域，分布在东南西北中五个方位。上面五种山经中记录了一些具有代表性的山，其他的小山实在太多了，无法一一记述。天地间从东到西有二万八千里，从南到北有二万六千里。河流发源之山有八千里，河流流经之地也有八千里。出产铜的山共有四百六十七座，出产铁的山共有三千六百九十座。这是天地之间划分疆土、种植庄稼的地方，戈和矛因此而出现，刀和铩也因此而兴起，它使有能力的人富足有余、使笨拙之人匮乏不足。在泰山祭天，在梁父山祭地，封禅的一共有七十二家，有关成败得失的规律都在里面，这些内容可以为治国所用。"

大禹代表尧帝巡视十二州，意义非常重大。一方面是对各州州牧、各诸侯国首领和各部落首领的政务视察，了解和掌握他们对部落联盟的归顺状况和对联盟领袖尧帝政令的执行情况，以及各地在治水成功后的发展变化情况。另一方面是对十二州范围内做一次全面的自然资源和风土民情普查。可以说，这是中国历史上最早的一次政治巡视和自然资源普查。

大禹执行的这项任务，虽然没有像治理洪水用时十二年那么长、那么艰辛，但也不轻松，还是花了六年时间才算完成。

《史记·五帝本纪》记载：

尧崩，三年之丧毕，舜让辟丹朱于南河之南。

公元前2125年（尧九十年），大禹38岁。

尧帝去世了。摄政王舜为尧守丧三年，为回避尧帝之子丹朱迁到黄河以南、长江以北的房陵（今湖北省房县）隐居，表示对帝位的谦让。而此时，丹朱仍旧住在都城。

《史记·五帝本纪》记载：

> 诸侯朝觐者不之丹朱而之舜，狱讼者不之丹朱而之舜，讴歌者不讴歌丹朱而讴歌舜。舜曰："天也。"夫而后之中国践天子位焉，是为帝舜。

然而，诸侯们不去都城朝拜丹朱，而去舜隐居地朝拜舜；告状的民众不去找丹朱，而去找舜；歌颂者不去歌颂丹朱，而去歌颂舜。面对那些朝拜者、告状者、歌颂者和众多的拥护者，舜深深地感动了。他说："这是天意啊！"随后，舜回到都城，登上了天子之位，后世称为舜帝。

大禹参加舜帝登基大典后，在明堂上详细汇报了巡视十二州的有关情况。舜帝听完再次受到了感动。大禹治水十二年，三十岁才结婚，结婚四天就离家治水，治水成功回到都城，被尊为"山川神主"。还未得到休息，又受命巡视十二州，这一去又过了六年。现在，无论如何也该让大禹与家人团聚了。

舜帝是个爱家的人。尧帝把他的两个女儿（娥皇、女英）嫁给舜为妻，对舜帮助很人，夫妻恩爱情深，后世传为佳话。舜帝对大禹舍己为公、公而无私的行为和品德非常赞赏和钦佩。散朝之后，立即安排大禹回涂山探亲，搬家到都城，同时安排下臣为大禹准备房舍。

大禹回到离别十二年的涂山，没有显摆，也没有事先通报涂山氏部落的任何人。大禹一个人悄悄来到家门外不远的地方，看见一个十多岁的男孩子在树杈上玩耍。

大禹说："小孩，快下来！别摔着了。"

小孩问："你是谁呀？"

大禹说："你下来，我就告诉你。"

小孩从树杈上往下滑，大禹赶紧上前将孩子抱下来。

大禹问："小孩，你家住在哪里？"

小孩答："我家就住在前面有篱笆的院子里。"

大禹问："你叫什么名字呀？你家里还有谁呀？"

小孩答："我叫启儿，家里就我娘。"

大禹问："你爹呢？"

启儿答："我从没有见过我爹。听我娘说爹在外面治水十多年了，名叫大禹。部落里大人们都说我爹是个治水英雄，还说是什么山川神主。"

大禹说："你想不想见你爹呢？"

启儿："我好想见我爹哟，可是不知道他什么时候才能回来。"

大禹说："你爹马上就要回来了。"

启儿问："你认识我爹吗？你是怎么知道的？"

大禹说："我是跟你爹一起治水的人。我就是来给你们家报信的，快带我去见你娘。"

启儿高兴地说："好呀，好呀，我这就带你去！"

启儿拉着大禹的手，刚跨进院门就大声喊道："娘！娘！你快出来呀！我爹马上就要回来了，这个人说是来我们家报信的！"

女娇听见启儿的叫声，赶紧从屋里走出来。她一眼就认出启儿拉着的那个人正是她日思夜想十多年的夫君。

女娇说："傻孩子，他就是你的亲爹大禹，快叫爹呀！"

启儿一怔："他真是我爹呀？！"

女娇说："娘说的还有假吗？你喊了十几年的爹现在回来了，快叫爹呀！"

启儿眼泪一下子涌了出来，一边哭一边叫："爹爹，我好想你啊！"

大禹赶紧把女娇和启儿抱在一起，激动的泪水滴到女娇的脸上，女娇的泪水滴到启儿的脸上，启儿的泪水滴到了地上，湿了一大片。

大禹动情地说："这些年，苦了你们娘儿俩，是我对不起你们啊！"

女娇含着热泪说："这些年，你在外治水更辛苦！现在回家来就好了，一切都不用说了。"

启儿搂着爹的脖子，摸着爹的胡子，问道："爹，你这次回来就不走了吗？"

大禹说："要走，过几天就走。"

女娇和启儿都哭了："怎么又要走啊！"

大禹笑着说："我要和你们娘儿俩一起走。我这次是奉舜帝命令回来搬家的。我们要搬到都城去安家，全家人住在一起不分开了！"

女娇和启儿破涕为笑："哈哈哈……"

当天晚上，大禹一家三口吃了顿团圆饭。这是启儿出生以来第一次与爹一起吃饭，别提有多高兴了。久别重逢，夫妻团聚，父子团聚，全家团聚，其乐融融，有太多太多说不完的心里话……

第二天上午，大禹一家人带上供品，爬上涂山，到涂山氏和涂山母坟前祭拜。当天下午，大禹又去看望涂山部落的首领和长老。

大禹回家的消息很快就传遍了整个部落。第三天晚上，部落里举行了隆重的篝火晚会。人们载歌载舞，尽情欢呼，庆贺大禹全家团聚："大禹！神禹！大禹！神禹！"欢呼声响彻淮河两岸。

大禹不愿再打扰涂山部落，为了避开乡亲们送行，第四天一大早大禹带着女娇和启儿，背上简单的行李，悄悄离家上路，直奔都城而去。

大禹定居都城后，开始过上了安定的家庭生活，对妻子、儿子非常疼爱。他要维系家庭，补偿妻子，呵护儿子，尽量把情感、精力放在亲人身上。

大禹与妻儿共同生活了一段时间，逐渐了解了儿子。启儿从小在涂山氏部落里母亲的身边长大，外公外婆去世后，种植、桑蚕、饲养、纺织等家里家外的事情都由母亲一人承担。启儿从小就喜欢帮母亲做事，懂得生活的艰辛，养成了勤劳、朴实、善良的品性。启儿和部落里的孩子玩耍，有时受到个别捣蛋的孩子的欺侮，回到家就跟母亲述说，哭着要爹爹，母亲只有默默地流泪。启儿心疼母亲，从此不再追问。由于长时间没有父爱，启儿的性格慢慢变得内向、孤独。

大禹利用启儿对都城的新鲜感，让他尽情尽兴地游玩了一段时间，想让他逐渐改变内向的性格。大禹在政务之余，随后开始对启儿进行启蒙教育。

大禹对儿子进行礼节、礼貌教习的同时，用树枝在沙地上画简单的符号，写简单的文字，画简单的图像，如人、鸟、鱼，等等。启儿学得很有兴趣，很有长进。大禹和女娇看出启儿是个聪明的孩子，都乐在脸上，喜在心里。

第十章

禹行摄政

十四年，卿云见，命禹代虞事……乃荐禹于天，使行天子事也。于是和气普应，庆云兴焉，若烟非烟，若云非云，郁郁纷纷，萧索轮囷，百工相和而歌《卿云》。

——《竹书纪年》

舜帝登基后，把都城迁到了蒲坂（今山西省永济市），开始了他的新政。

舜帝给尧帝使用而没有明确职务的二十二位大臣，全部任命了官职。

《史记·五帝本纪》记载：

> 舜曰："嗟！女二十有二人，敬哉，惟时相天事。"

舜帝在朝堂上宣布任命后，严肃地告诫大臣说："你们这二十二人要尽职尽责，认真辅佐我做好上天交给的治理天下的大事。"

> 三岁一考功，三考绌陟，远近众功咸兴。

舜帝还做了三年一考核、三次考核定奖惩的具体规定，大臣们工作积极性很高，责任心很强，不论远近，各项事业都得到了发展。

> 此二十二人咸成厥功：皋陶为大理，平，民各伏得其实；伯夷主礼，上下咸让；垂主工师，百工致功；益主虞，山泽辟；弃主稷，百谷时茂；契主司徒，百姓亲和；龙主宾客，远人至；十二牧行而九州莫敢

辟违；唯禹之功为大，披九山，通九泽，决九河，定九州，各以其职来贡，不失厥宜。

舜帝对大臣们已经连续进行了三次考核，对每位大臣做了鉴定，具体的评语是这样的："这二十二位大臣都做出了成绩。皋陶任大法官，断案公平，民众都佩服他能依据事实判决；伯夷主管礼仪，上上下下都能够谦让；倕主管工事，各类工匠都干得很好；益主管山泽，山林湖泽都能得到开发利用；弃主管农事，各类庄稼都长得很茂盛；契主管人事教化，百官都团结和睦；龙主管接待宾客，远方的诸侯都来朝贡；原来设置的十二州的州牧都能尽力办事，新划定的九州，也没有人敢违抗。尤以禹的功劳最大，开辟九山道路，疏通九大湖泽，疏浚九大河流，划定九州，各州按规定的职责来朝贡，没有缺失。"

舜帝七十多岁了，为了先祖大业，为了天下大任，他要抓紧确定继任者。舜帝不想改变尧帝传下来的"禅让制"，即尧帝传位的原则："绝不能让天下人受害而让一人得利。"尧帝没有传位给自己那个不争气的儿子丹朱，而传位于舜。舜承尧制，必须以舜帝为楷模，他不能把权位传给自己的不肖之子商均。

舜帝考虑接班人的事已多年。他很看重大禹，大禹在他心中的分量越来越重。大禹治水成功，消灾救难，恢复生产，使人民休养生息，经济快速发展，社会富裕、安定，部落和谐相处，到处呈现出一片欣欣向荣、欢乐祥和的景象。大禹公而忘私，舍小家为大家，艰辛治水十多年，经历了个人生死和家庭存亡的考验。他把一切都置之度外，一心为天下，一心为君王，可以说是无限忠诚。所以舜帝才发自内心地感慨，当众对大禹说道："推行我的德政，是依靠你的功绩逐步取得的。"也才会在对群臣考核后给出高度评价："唯禹之功为大。"

舜帝一步一步地为权力移交作准备。第一步是主持"朝政讨论会"，为大禹提供一个汇报工作展示业绩的机会，让大臣们深刻了解，受到震撼，并且为之感动。第二步是举行庆典，提升大禹的威望，尊奉他为"山川神主"。神化的目的，是为权力移交做思想、舆论和组织上的准备。第三步是"三年一考"，连续三次考功后鉴定："唯禹之功为大。"第四步是什么呢？

公元前2109年（舜十四年），大禹54岁。舜帝向上天推荐大禹，摄行天子事，封大禹为夏后，赐姒姓。《竹书纪年》记载：

> 十四年，卿云见，命禹代虞事……乃荐禹于天，使行天子事也。于是和气普应，庆云兴焉，若烟非烟，若云非云，郁郁纷纷，萧索轮囷，百工相和而歌《卿云》。帝乃倡之曰："庆云烂兮，纠缦缦兮，日月光华，旦复旦兮。"群臣咸进，稽首曰："明明上天，灿然星陈。日月光华，弘于一人。"帝乃再歌曰："日月有常，星辰有行。四时从经，万姓允诚。于予论乐，配天之灵。迁于圣贤，莫不咸听。鼚（chāng）乎鼓之，轩乎舞之。精华已竭，褰裳去之。"

舜帝十四年的一天，天上卿云（五彩祥云）出现，美景醉人。舜帝在神庙前向上天举荐大禹，行使天子之权。群臣和舜帝同唱《卿云》歌。

舜帝满怀欣喜地带头歌唱："卿云灿烂如霞，瑞气缭绕呈祥。日月光华照耀，辉煌又辉煌。"这段歌唱既是对卿云的赞美，也是对部落联盟清明政治的赞美。

群臣跟进舜帝，点头和唱："上天至明至尊，灿烂遍布星辰。日月光华照耀，嘉祥降于圣人。"这段歌唱是大臣们对舜帝治世功绩和美好道德的咏叹。

舜帝再度歌唱："日月依序交替，星辰循轨运行。四季变化有常，万民恭敬诚信。让我评论乐舞，祝祷上苍神灵。帝位传于圣贤，普天莫不欢心。鼓声动听，舞姿轻盈。精力才华已尽，便当撩衣退隐。"这段是舜帝回应群臣的歌唱，说明帝位的传让也应该像日月星辰一样交替运行，只有遵循自然规律才能保证天下长久富强，并传达了自己精华已尽，理应主动让贤的思想。

公元前2108年（舜十五年），大禹55岁。

舜帝命大禹在太室处理政事。

大禹当朝理政，兢兢业业，一丝不苟。朝中大臣的工作，他经常进行督促、指导；部落之间有很多事情反映到朝中来，他都进行统筹、平衡、协调。由于有丰富的实践经验，大禹摄政以后，朝政搞得有声有色。舜帝对大禹很满意，觉得自己没有看错人，接班人选对了。对黄帝家族和列祖列宗、对天下苍生和部落联盟，总算有了一个好的交代。

大禹在处理朝政之外，很注意对儿子启的教育培养，以弥补做父亲的缺憾。大禹经常要到都城周边去检查指导工作，年年都要整治农田水利。大禹会带着启一起去，就像自己当年治水一样，让儿子干些实事。碰到这样的事，他常常开个头，就让儿子接着干。几次以后，儿子也就抢着干起来。启越干越高兴，渐渐地很多事情都能上手了。

大禹看着启一天天长大，觉得对儿子的教育不能光靠自己手把手地教，应该向更多的长辈学习。朝堂大臣各有特长，都是学习的榜样。

大禹带着启到朝堂上拜见各位大臣，虚心请教。启向皋陶学习司法，向后稷学习种植等农事，向契学习教化，向倕学习管理百工，向益学习保护山林鸟兽，向伯夷学习礼仪祭祀，向夔学习音乐，向龙学习接待宾客……在和大臣们的接触中，启的交往能力大大增强了，眼界开阔了，思想活跃了，知识面拓宽了，综合素质提高了。

大禹看着儿子的变化和成长，自然喜出望外。在家里对女娇述说："我们的儿子是个好苗子，以后能成材了！"

公元前2091年（舜三十二年），大禹72岁。

舜帝命令大禹总管众民，自己去巡游四方山岳。

公元前2090年（舜三十三年），大禹73岁。

舜帝在朝堂上主持会议，议定权力移交。《尚书·大禹谟》记载得很清楚。

　　曰若稽古，大禹曰："文命敷于四海，祇承于帝。"曰："后克艰厥后，臣克艰厥臣，政乃乂，黎民敏德。"

舜帝向大禹征询执政的见解。大禹发表了自己的见解："为君的能知道为君的艰难，为臣的能知道为臣的艰难，那么，政事就能处理好，人民也就会迅速修德了。"

帝曰："俞！允若兹，嘉言罔攸伏，野无遗贤，万邦咸宁。稽于众，舍己从人，不虐无告，不废困穷，惟帝时克。"

舜帝说："这话不错。确实像这样，那么好主意就不会被搁置不用，贤才就不会被遗弃在田野之间，万邦都会太平。凡事都考察民众的意见，常常放弃自己不正确的意见，听从别人正确的意见；为政不虐待无告的穷人，用人不忽视卑贱的贤才，这只有尧帝的时候才能做到。"

益曰："都！帝德广运，乃圣乃神，乃武乃文。皇天眷命，奄有四海为天下君。"

益说："嗨，尧帝的道德广大而又能运用，真是圣哲神明，能武能文，所以皇天特别照顾他，命他统治四海，为天下的君主。"

禹曰："惠迪吉，从逆凶，惟影响。"

大禹说："凡是顺道从善的就得福，逆道从恶的就得祸，这真像影随形、响应声一样。"

益曰："吁！戒哉！儆戒无虞，罔失法度，罔游于逸，罔淫于乐。任贤勿贰，去邪勿疑。疑谋勿成，百志惟熙。罔违道以干百姓之誉，罔咈百姓以从己之欲。无怠无荒，四夷来王。"

益说："咦！可得警惕这一点啊！只有时刻警诫自己，才能免于后忧。

不要破坏法规制度，不要悠游流于放纵，不要耽于玩乐；任用贤才不要三心二意，铲除邪恶不要犹豫不决。谋划尚有疑问就不要勉强施行。这样，你心中的一切思虑都会通明透亮了。不要违反正道去求取百官的称誉，也不要不顾百官的意见去满足自己的欲望。思想不怠惰，政事不荒废，那么四夷都会归附你的。"

禹曰："于！帝念哉！德惟善政，政在养民。水、火、金、木、土、谷，惟修；正德、利用、厚生，惟和。九功惟叙，九叙惟歌。戒之用休，董之用威，劝之以九歌，俾勿坏。"

大禹说："啊！帝要记住啊！修德主要表现在搞好政事，而为政的中心在于养民。水、火、金、木、土、谷，这六府要修治好；端正好人民品德，丰富人民财富，改善人民生活，这三件事要互相配合。这九个方面的功业都安排得有秩序，有了秩序，人民自然欢欣鼓舞、歌功颂德了。对于勤劳的人，要用美好的前景去诱导他们；对于怠惰的人，要用刑罚去督责他们；而当人民受到德泽感到欢欣的时候，就要及时鼓励他们开展歌咏活动，使之乐而忘劳，干劲不衰。"

帝曰："俞！地平天成，六府三事允治，万世永赖，时乃功。"

舜帝说："讲得对！现在水土治平，万物得以成长，六府三事确实治理得很有秩序，万世以后都要仰赖你那时的大功啊！"

帝曰："格，汝禹！朕宅帝位三十有三载，耄期倦于勤。汝惟不息，总朕师。"

舜帝说："禹，你来！我居帝位已经三十三年了，如今已到老耄昏聩的时期，操持这样繁忙的政事委实感到疲倦。你平日是从不懈怠的，今后要接替我总管众民啊！"

禹曰："朕德罔克，民不依。皋陶迈种德，德乃降，黎民怀之。帝念哉！念兹在兹，释之在兹，名言兹在兹，允出兹在兹，惟帝念功。"

大禹连忙答道："我的德行不能胜任，人民不会依从我的。皋陶勇往力行，积极种德，德泽普及下民，民众都怀念他。帝，您可要顾念他啊！他平日一心挂念的就在于种德这件事还有欠缺，偶尔放下心来也就在于这件事有了成绩；他经常在口头上谈论的就在于这件事，真诚出自内心的也就在于这件事。所以说，您可得要顾念他的大功啊！"

帝曰："皋陶，惟兹臣庶，罔或干予正。汝作士，明于五刑，以弼五教，期于予治。刑期于无刑，民协于中，时乃功，懋哉。"

舜帝于是转向皋陶说道："皋陶！现在广大臣民没有干犯我的法纪的。这是由于你任我的士师，能够正确运用五刑来辅助五教。期望使我的政事达到治理的境地，要用刑罚来达到消灭刑罚的目的，使人们都能走上正道，那时你的功劳就更大了。"

皋陶曰："帝德罔愆，临下以简，御众以宽；罚弗及嗣，赏延于世。宥过无大，刑故无小；罪疑惟轻，功疑惟重；与其杀不辜，宁失不经；好生之德，洽于民心，兹用不犯于有司。"

皋陶回答道："帝！你的德行毫无过失，对下边的要求简明扼要，治理民众非常宽大；刑罚不牵连子女，而奖赏却延及后世；对偶然的过失，再大也给以宥赦，对明知故犯的罪恶，再小也处以刑罚；罚罪有疑问就从轻发落，赏功有疑问却从重给奖；与其杀害无辜的人，宁可犯不执行常法的过失。这种好生的美德，已经融入到人民心里。因此，人民都能守规矩，不犯官家的法纪。"

帝曰："俾予从欲以治，四方风动，惟乃之休。"

舜帝说："使我能如愿以治理天下，四方都听从我的命令，好像草木随风而动，这都是你做的好事啊！"

帝曰："来，禹！降水儆予，成允成功，惟汝贤。克勤于邦，克俭于家，不自满假，惟汝贤。汝惟不矜，天下莫与汝争能；汝惟不伐，天下莫与汝争功。予懋乃德，嘉乃丕绩，天之历数在汝躬，汝终陟元后。人心惟危，道心惟微，惟精惟一，允执厥中。无稽之言勿听，弗询之谋勿庸。可爱非君？可畏非民？众非元后，何戴？后非众，罔与守邦？钦哉！慎乃有位，敬修其可愿。四海困穷，天禄永终。惟口出好兴戎，朕言不再。"

然后，舜帝又转向大禹说："来，禹！当年天降洪水来警戒我，能够言行一致，既在平治水土中成就功业，又在民众中建立威信的，就数你最贤；既能勤劳为邦，又能节俭持家，不自满自大，这也数你最贤。正因为你不自逞能，所以天下没有一个人敢与你争能；正因为你不自居功，所以天下没有一个人敢与你争功。我真诚赞美你的品德，嘉许你的大功。天命已经降落到你的身上，你终将升任君主。人心是危险难安的，道心却微妙难明。唯有精心体察，专心守住，才能坚持一条不偏不倚的正确路线。无从查考的言语不要听，没有征询民众意见的主意不要用。可爱的不是君而是民，可畏的不是民而是君失其道。民众没有君主他们又爱戴谁呢？君主没有民众就无人跟他守邦了。一定要谨慎啊！认真对待你所居的大位，切实做好你想要做的每件事。如果四海民众都穷困不堪，那你做君主的天禄也就永远终结了。只有这张嘴，最爱惹是非，讲话可得慎重啊！我要讲的都已讲完，没有什么再要讲的了。"

禹曰："枚卜功臣，惟吉之从。"

大禹于是谦让道："那么，就一个个功臣来占卜，看谁的卜兆最吉就由谁来接位。"

帝曰："禹！官占惟先蔽志，昆命于元龟。朕志先定，询谋佥同，鬼神其依，龟筮协从，卜不习吉。"

舜帝说："禹！我们占卜公事，是先由于心有疑难掩蔽，然后才去请问大龟的。现在我的意志早已先定了，并征询了众人的意见，大家都一致赞同，相信鬼神必定依从，龟筮也必定是吉了。占卜是不会重复出现吉兆的，用不着占卜了。"

禹拜稽首，固辞。

大禹跪拜叩首，坚决推辞。

帝曰："毋！惟谐。"

最后舜帝坚定地说："不！只有你合适！"

正月朔旦，受命于神宗，率百官若帝之初。

正月初一这天，舜帝在神庙里举行了庄严的权力移交仪式。大禹接受摄政的任命，率领百官向舜帝行三跪九叩之礼，就像当年舜接受摄政任命一样虔敬。

第十一章

禹贡九州

四海会同，六府孔修。庶土交正，厎慎财赋，咸则
三壤成赋。

——《尚书·禹贡》

舜帝时的部落联盟社会，通过成功治水和多年的社会治理，生产力得到很大发展，家族、部落私有财产日益增多，社会交往逐渐频繁，社会复杂化程度不断出现，部落联盟的声望与日俱增。

大禹掌握了摄政王的实权后，进行了具有开创性而又卓有成效的工作。最有特色的是"贡赋"制度和"五服"管理制度。

大禹在"行山表木"进行水文地理考察和"巡视十二州"的自然资源普查的基础上，首先作了行政区划调整，将原来设置的十二州明确划定为九州，即冀州、兖州、青州、徐州、扬州、荆州、豫州、梁州、雍州。按区域划分管理居民，这是由血缘政治走向地缘政治、国家政治的社会进步。

缴纳贡赋，起初还没有完备的制度。大禹根据九州的不同情况，把各州的田土、贡赋分为九个等级，即上上、上中、上下，中上、中中、中下，下上、下中、下下。《尚书·禹贡》和《史记·夏本纪》记载得很清楚。

（一）各州的土地情况和贡赋等级分别是：

冀州……厥土惟白壤，厥赋惟上上错，厥田惟中中。

冀州土质色白而松软。这里的贡赋属上上，位居第一等，歉年时退居第二等。田地属中中，即第五等。

兖州……厥土黑坟，厥草惟繇，厥木惟条。厥田惟中下，厥赋贞。作十有三载，乃同。

兖州的土质发黑而肥美，草木茂盛。田地属中下，列第六等。贡赋为下下，属第九等。等到十三年治水成功以后，才与其他州一样交纳。

青州……厥土白坟，海滨广斥。厥田惟上下，惟赋中上。

青州的土质色白而肥美，沿海地带宽广含盐碱，多为盐碱地。田地属上下，为第三等。贡赋属中上，即第四等。

徐州……厥土赤植坟，草木渐包。厥田惟上中，厥赋中中。

徐州的土质色红、有黏性而且肥美，草木生长茂盛。田地属上中，为第二等。贡赋属中中，即第五等。

扬州……厥土惟涂泥，厥田惟下下，厥赋下上上错。

扬州的土质湿润。田地属下下，即第九等。贡赋居下上，即第七等，丰年可升到第六等。

荆州……厥土惟涂泥，厥田惟下中，厥赋上下。

荆州的土地湿润。田地属下中，即第八等。贡赋居上下，即第三等。

豫州……厥土惟壤，下土坟垆（lú）。厥田惟中上，厥赋错上中。

豫州的土质松软，低洼处是肥沃的黑土。田地属中上，即第四等。贡赋居上中，即第二等，丰年时可以达到第一等。

梁州……厥土青黎，厥田惟下上，厥赋下中三错。

梁州的土质青黑色，田地属下上，即第七等。贡赋居下中，正常年景为第八等，丰年时居第七等，歉收年降至第九等。

雍州……厥土惟黄壤，厥田惟上上，厥赋中下。

雍州的土质黄色松软肥沃，田地属上上，即第一等。贡赋居中下，即第六等。

（二）各州应交纳的物资贡品是：

冀州……岛夷皮服。

冀州的贡品是岛夷部族的兽皮衣服。

兖州……厥贡漆、丝，厥篚（fěi）织文。

兖州进贡的物品是漆和蚕丝，还有用圆形的竹篚盛着的带花纹的丝织品。

青州……厥贡盐、绨（chī），海物惟错。岱畎丝、枲（xǐ）、铅、松、怪石。莱夷作牧，厥篚、檿丝。

青州进贡的物品是盐和细葛布，还有各种海产品，泰山谷地生产的丝、麻、矿石、松木、奇石，莱夷的畜牧产品，以及用圆形的竹篚盛着用来作琴弦的柞蚕丝。

徐州……贡惟土五色，羽畎夏翟，峄（yì）阳孤桐，泗滨浮磬（qìng），淮夷蠙（pín）珠暨鱼，厥篚玄纤缟（gǎo）。

徐州进贡的物品是五色土，供天子筑坛祭天时用，羽山中的野鸡、峄山南面用来制琴瑟的孤山桐木、泗水滨浮石制的磬、淮夷的珍珠和鱼类，还有用圆形的竹筐盛着的纤细洁净的黑白丝绸。

扬州……贡惟金三品，瑶琨篠簜，齿革羽毛惟木，岛夷卉服，厥篚织贝，厥包橘柚锡贡。

扬州进贡的物品是三种金属矿石，瑶、琨等美玉，竹箭，象牙，皮革，羽毛，旄牛尾，岛夷人的花卉服饰，用圆形的竹筐盛着的有贝形花纹的纺织品，还有包好进贡的橘子和柚子。

荆州……贡羽毛齿革惟金三品，杶（chūn）榦（gàn）栝（guā，又音kuò）柏，砺砥砮（nǔ）丹，惟箘（jùn）、簵（lù）楛（hù）。三邦底贡厥名，包匦（guǐ）菁（jīng）茅，厥篚玄纁（xūn）玑（jī）组，九江纳锡大龟。

荆州进贡的物品是羽毛、旄牛尾、象牙、皮草、三种金属矿石，以及椿木、柘木、桧木、柏木，粗细磨石，可做箭头的砮石、丹砂，三个诸侯国进贡的名特产箘簵和楛木，还有包裹着装在匣子里供祭祀时滤酒用的青茅，用圆形的竹筐盛着黑白织品和穿珠子用的丝带，特别指定的九江大龟。

豫州……贡漆、枲、丝、绤、纻（zhù），厥篚纤纩，锡贡磬错。

豫州进贡的物品是漆、丝、细葛布、纻麻，用圆形的竹筐盛着的细丝絮，以及特别指定的磬石。

梁州……贡璆（qiú）铁银镂砮磬，熊罴狐狸织皮。

梁州进贡的物品是美玉、铁、银，可以用作刻镂器的金石，可以做箭头的砮石，可以制磬的磬石，以及熊、罴、狐、狸、纺织品和皮草等。

雍州……贡惟球琳琅玕（gān）。

雍州进贡的物品是美玉和可以制玉的美石。

（三）各州进贡的交通路线分别是：

冀州……夹右碣石入于河。

冀州东北部鸟夷部族的进贡路线，自渤海绕过右边的碣石山进入黄河，再运往都城。

兖州……浮于济、漯（tà，又音luò），达于河。

兖州进贡走水路，经由济水、漯水，然后进入黄河，运到都城。

青州……浮于汶，达于济。

青州进贡由汶水船运，通于济水，入黄河，到都城。

徐州……浮于淮、泗，达于河。

徐州进贡时，船运经过淮河、泗水，而后进入黄河，到都城。

扬州……沿于江海，达于淮、泗。

扬州进贡都经由大海、长江转入淮河、泗水，而后进入黄河，到都城。

荆州……浮于江、沱、潜、汉，逾于洛，至于南河。

荆州贡品经由长江、沱水、潜水、汉水，转行一段陆路，进入洛水，然后进入黄河，到都城。

豫州……浮于洛，达于河。

豫州进贡时走水路，经洛水进入黄河，到都城。

梁州……西倾因桓是来，浮于潜，逾于沔，入于渭，乱于河。

梁州贡品由西倾山（今甘肃省临潭县西南）沿桓水（一名白水，在甘肃省岷县）运出，再从潜水（嘉陵江）上游，船运，进入沔水（汉水上游），然后转行一段山路，进入渭水，横渡黄河到都城。

雍州……浮于积石，至于龙门西河，会于渭汭（ruì）。

雍州进贡时从积石山下船运，顺流到达龙门山下的西河（黄河），汇集到渭水湾，即到都城。

大禹在贡赋制建立和实施中，统筹兼顾，实事求是，因地制宜，区别对待，力求公平合理，如冀州为"赋上上错"、扬州为"赋下上上杂"、豫州为"赋杂上中"、梁州为"赋下中三错"，体现丰年和歉年贡赋等级不同。特别是对梁州还分出丰、平、歉三种不同的年景，可见用心良苦。兖州地处黄河下游，入海口不断改道，与海平面落差小，泄洪排涝缓慢，治水时间比其他州都要长。所以兖州"赋贞"，即贡赋定为第九等，一直到洪水退完后才与其他州相同进贡，实行了特殊政策。

这一切都植根于部落联盟是一个命运共同体，同一个天下。九州都在舜帝的领导之下，制定各州贡赋九个等级，就是为了政策统一。统一是定九州、定贡赋的思想路线和政治路线，是树立部落联盟和舜帝权威的路线，是促进天下统一的路线。在这条正确路线的指引下，九州的经济、教化趋于一致。

四海会同，六府孔修。庶土交正，底慎财赋，咸则三壤成赋。

四海之内都归服统一，都城里水、火、金、木、土、谷六个府库大大修治。各州土地等级都已核定，慎重规定了交纳的贡赋。根据土地上、中、下三等九级的标准，各州上缴的贡赋运往位于中原的都城。

大禹全力抓经济，使全社会私有财产日益增多，为奴隶制国家的诞生奠定了物质基础。

大禹不仅建立了完备的"贡赋"制度，而且发明创造了"五服"管理制度。大禹从树木的年轮图像上看到，中间是圆心，环绕圆心向外一圈又一圈，圈圈相连有序，由此而得到启发。

大禹以天子居住的都城为中心，规划了类似同心圆的五个圈，这实际上是自上而下、由近及远的五个圈层（五大服务区）的行政管理制度。

令天子之国以外五百里甸服：百里赋纳总，二百里纳铚（zhì），三百里纳秸服，四百里粟，五百里米。

首先把都城外五百里的范围划出来，作为第一个圈层，名叫"甸服"（后世称为京畿之地），为天子治田，这里面是都城农副产品基地。在甸服圈子里，距离都城一百里内交纳秸秆的农作物，两百里内交纳谷穗，三百里内交纳去皮壳的粮食，四百里内交纳粟米（小米），五百里内交纳稻米（大米）。只有这些物资都齐备，才能充分保证都城里天子及臣民的生活用度。

　　甸服外五百里侯服：百里采，二百里任国，三百里诸侯。

　　从"甸服"向外五百里划出第二个圈层，名叫"侯服"，为诸侯服务区。甸服外一百里内为大臣们采食地，两百里内为封邑小邦之地，三百里内为诸侯大邦之地。以利他们为朝廷服务，为都城承担警戒任务。

　　侯服外五百里绥服：三百里揆文教，二百里奋武卫。

　　从"侯服"向外五百里划出第三个圈层，名叫"绥服"。靠内三百里为文明教化之区。靠外两百里为武卫之区，加强武装力量，保卫都城安全。

　　绥服外五百里要服：三百里夷，二百里蔡。

　　从"绥服"向外五百里划出第四个圈层，名叫"要服"，即要以文明教化约束的范围。靠内三百里为夷人居住区。靠外两百里为加强王法约束区。

　　要服外五百里荒服：三百里蛮，二百里流。

　　从"要服"向外五百里划出第五个圈层，名叫"荒服"，距都城最远，已经到了蛮荒之地。靠内三百里为不开化的蛮夷之地。靠外两百里为流放罪犯之地。

　　大禹划出的这五个圈层，是按天子和臣民居住情况划分区域，不同区域具有不同功能，承担不同义务和职责，是精心设计的奴隶社会行政管理架构。这种史无前例的管理架构的创建，充分显示出大禹的政治才能。

　　东渐于海，西被于流沙，朔、南暨：声教讫于四海。

在大禹创造的"五服"管理下，经过不断的努力，部落联盟的领导力越来越大，东边临近大海，西边到达沙漠，北方、南方都感受到天子的声威教化。联盟的影响力一直达东海（今中国东面之海）、南海（今中国南面之海）、西海（今哈萨克斯坦巴尔喀什湖）、北海（今俄罗斯贝加尔湖）。四海之内安定祥和，社会治理有序，为奴隶制国家的诞生奠定了政治基础。

第十二章

禹征三苗

三苗在江淮、荆州数为乱。……迁三苗于三危，以

变西戎。

——《史记·五帝本纪》

三苗，有的典籍也称有苗，是南方九黎族群的后裔（九黎族的首领是在"逐鹿之战"中被黄帝打败擒杀的蚩尤）。三苗族群分散居住在长江中下游广大地区。这一带山峦起伏、河流纵横，湖泊众多，地形复杂。他们利用占据的有利地势条件，与中原地区摩擦不断。到尧、舜时期，三苗与中原民族的矛盾虽有所缓和，但并未在根本上得到解决。

《史记·五帝本纪》记载：

三苗在江淮、荆州数为乱。……迁三苗于三危，以变西戎。

尧帝时，三苗在江淮、荆州地区多次侵扰作乱。尧帝把处置三苗的任务交给舜。舜采用迁苗变戎的办法，将三苗族的一部分迁移到西北人烟稀少的三危山（在今甘肃省敦煌市）一带，借助三苗族的力量来改变西戎少数民族，收到了一定成效。

舜帝即位后，对三苗又采取过多次行动。舜帝对尧帝的儿子丹朱作了安排。但丹朱未能继位，心中不平，散布流言蜚语诋毁朝政，后来被流放到丹水。三苗族人与丹朱相互勾结，策动叛乱。舜帝派兵平定叛乱，对三苗族人进行分化瓦解，将首恶分子流放到三危地区，将善良的留在原地。三苗族在舜帝德威并用的压力下，暂时归顺了。

洪水肆虐使地处长江中下游地区的三苗族的生存受到威胁。大禹领导治水使三苗族受益，减轻了灾害，恢复了生产，改善了生存环境，三苗族出现了一段安定有序的时期。

各地诸侯都归顺联盟，遵守政策，努力建功，唯独三苗族悖逆不服统一。对于三苗这种在成长中充满躁动和野性、不愿臣服、天性好斗的氏族，不彻底解决问题，部落联盟难以巩固。

公元前2088年（舜三十五年），大禹75岁。舜帝命大禹征伐三苗。

大禹在群臣中作了征伐三苗的部署，又向各地诸侯发出征召，获得了诸侯们的支持。

大禹决定亲自统率大军出征，还决定带着儿子启一同上阵。开始妻子女娇舍不得，担心儿子在战场上有闪失，但想到夫君已做决定，让儿子随父出征经受锻炼有好处，也就答应了。女娇一再叮嘱儿子要听从父亲的指挥，要不离父亲左右保护父亲的安全。启频频点头说："请母亲放心，我和父亲一定会安全回来的！"

《尚书·大禹谟》记载：

> 禹乃会群后，誓于师曰："济济有众，咸听朕命。蠢兹有苗，昏迷不恭，侮慢自贤，反道败德。君子在野，小人在位。民弃不保，天降之咎。肆予以尔众士，奉辞伐罪。尔尚一乃心力，其克有勋。"

大禹出征前，举行了隆重的誓师大会。首先祭祀天地和祖先，祈求上天显灵，祖宗保佑，旗开得胜。大禹手执代表权力的黑色玉板"玄圭"，象征受命于天，替天行道，当众宣誓："整齐众多的勇士们！都来听我的命令！这无知盲动的三苗，执迷不悟，傲慢自大，违反正道，败坏常德，致使君子被遗弃在野、小人窃居高位、抛弃人民而不顾，因此上天降灾于他们。我今天是用你们群后众士之力，奉天命去讨伐他们的罪行。你们要齐心合力，才能攻克他们建立功勋。"

大禹率领各诸侯部落的联军，大张旗鼓，浩浩荡荡，直抵三苗族聚居的洞庭湖、鄱阳湖地区。

　　三旬，苗民逆命。益赞于禹曰："惟德动天，无远弗届。满招损，谦受益，时乃天道。帝初于历山，往于田，日号泣于旻天，于父母，负罪引慝。祗载见瞽叟，夔夔斋栗，瞽亦允若。致诚感神，矧兹有苗。"

　　战事进行了三十天，三苗族虽然受到沉重打击，但他们利用湖网密布的复杂地形仍然负隅顽抗，不肯听命。大禹的儿子启几次带头冲锋陷阵，也是收效甚微。看到战事很难取得全胜，协助大禹出征的益提出建议："只有道德的力量才能感动天地，再远的地方也能达到。满招损，谦受益，常常就是天道。舜帝早年受父母虐待，一个人在历山耕田，苦不堪言。但日日号哭涕泣，呼喊父母，总是诚心自责，把罪错全部承担，从不怨天怨父母。有事去见父亲瞽叟的时候，总是恭恭敬敬、战战兢兢。在这种时候，连顽固的瞽叟也能通情达理了。常言至诚感神，何况有苗？"

　　禹拜昌言曰："俞！"班师振旅。帝乃诞敷文德，舞干羽于两阶，七旬有苗格。

　　大禹连忙下拜，接受了益的建议，说："讲得好！"于是立即下令停战，整队班师而归。

　　回到都城，大禹和益向舜帝汇报出征三苗的战事情况。舜帝接受了益和大禹的建议，大布文德。在朝堂外两阶之间跳大型的舞蹈，人们举着战争中使用的盾牌和雉尾，载歌载舞，表示偃武修文。过了七十天之后，三苗终于自动前来归附了。（这就是后世兵法中"攻心为上，攻城为下""不战而屈人之兵"的理论源头）

第十三章

禹建夏朝

　　三年丧毕，禹辞辟舜之子商均于阳城。天下诸侯皆
去商均而朝禹。禹于是遂即天子位，南面朝天下，国号曰
夏后，姓姒氏。

　　　　　　　　　　　　　　　　　——《史记·夏本纪》

公元前2073年（舜五十年），舜帝带着相濡以沫几十年的妃子娥皇、女英（尧帝的两个女儿）一起南巡。这年舜帝100岁，大禹90岁。

《史记·五帝本纪》记载：

（舜）南巡狩，崩于苍梧之野。葬于江南九疑，是为零陵。

舜帝南巡，走到今湖南省宁远县的苍梧之野，不幸在路途中突然去世，随之就安葬在附近的九嶷山。娥皇、女英悲痛欲绝，泪洒青竹，随后投身湘江，魂追夫君而去。从而为后世留下了有关"湘妃竹"和"湘江女神"的凄美传说。

三年丧毕，禹辞辟舜之子商均于阳城。天下诸侯皆去商均而朝禹。禹于是遂即天子位，南面朝天下，国号曰夏后，姓姒氏。

公元前2070年，大禹为舜帝守丧三年后，为了表示谦让，避开舜帝的儿子商均隐居到阳城（今河南省登封市告成镇，通过考古已发现阳城遗址）。天下诸侯们都离开商均而到阳城去朝拜大禹。大禹拗不过"天意"，回到都城蒲坂，登上天子之位，面南而坐，君临天下，宣布国号为夏后，姓姒氏。

中国历史上第一个奴隶制国家——夏朝诞生了。

这一年为禹元年，大禹93岁，后世称为禹帝，又称夏禹王。从此，中国历史由原始社会进入奴隶社会，政治体制由部落联盟时期进入国家文明时期。大禹成为世代传颂的华夏立国之祖。

大禹立国之后，迁都安邑（今山西省夏县，有禹王城遗址）。随即着手推行巩固国家政权的一系列政策措施，其中主要有以下五项。

第一项，赐土封姓。

《史记·夏本纪》记载：

　　赐土姓："祗（zhī）台德先，不距朕行。"

大禹想到本家族——黄帝家族，是伟大的家族。数百年来非常兴旺显赫，征服炎帝，擒杀蚩尤，被诸侯尊奉为天子。黄帝家族大业世代相传、生机勃勃的重要原因是封姓。黄帝有二十五个儿子，得到封姓的有十四人。封姓是彰显共同血脉的标志，封姓的同时赐给土地，使其延续发展为大家族的一个分支，成为管理一方土地的诸侯，使封姓者承担维护和振兴家族的义务和责任。然而，自尧帝以来，由于洪水长期肆虐，已经很多年没有封姓了。

大禹想到自己是黄帝的玄孙，是伟大家族的传人，理应把封姓的事情重新做起来。他对家族里认真做事的人、那些参与治水有功的人、按规定踊跃缴纳贡赋的人，封给姓，赐以土地，使他们成为一方诸侯。大禹对新封的这批诸侯提出了严格的要求："你们要恭敬谨慎行事，和睦共处，要以道德品行为先，不要违背我推行的各种政策。"

《史记·夏本纪》记载：

　　禹为姒姓，其后分封，用国为姓，故有夏后氏、有扈氏、有男氏、斟寻氏、彤城氏、褒氏、费氏、杞氏、缯氏、辛氏、冥氏、斟戈氏。

大禹分封诸侯，以封国为姓，他们的封地分别是：

夏后氏（今河南省伊、洛河一带）。

有扈氏（今陕西省西安市鄠邑区一带）。

有男氏（今河南省南阳盆地或湖北省江汉平原）。

斟寻氏（今河南省偃师、巩义一带）。

彤城氏（今陕西省华县）。

褒氏（今陕西省勉县、褒城）。

费氏（今山东省费县、邹城）。

杞氏（今河南省杞县）。

缯氏（今山东省枣庄、临沂一带）。

辛氏（今山东省莘县）。

冥氏（今山西省平陆县）。

斟戈氏（今河南范县）。

第二项，颁布夏历。

《竹书纪年》记载：

> 元年壬子，帝即位，居冀。颁夏时于邦国。

《史记·夏本纪》记载：

> 孔子正夏时，学者多传夏小正云。

大禹立国之后做的第二件大事，就是向天下各诸侯国颁布天文历法——夏时，即夏小正、夏历。

夏历是继黄帝、颛顼、帝喾、尧、舜以来历法的定型使用。一年十二个月，三百六十六天，以闰月定四时。分春、夏、秋、冬四季，每季三个月。春季又分孟春、仲春、季春；夏季又分孟夏、仲夏、季夏；秋季又分孟秋、仲秋、季秋；冬季又分孟冬、仲冬、季冬。在时令节气上，有立春、春分、立夏、夏至、立秋、秋分、立冬、冬至八个节气（后世分为二十四个节气）。以一月为正月，正月初一为元旦，即年关节，后世称为过年。（后来商朝以十二月初一为元旦，周朝以十一月初一为元旦，秦朝以十月初一为元旦。汉武帝太初年间重定历法，《史记·夏本纪》载："而巴落下闳运算转历，然后日辰之度与夏正同。"汉武帝以此颁布为"太初历"，此后一直沿用至今，中国人习惯上称为农历）

夏历的颁布使用，大大方便了朝野上下和诸侯民众的生产生活。人们能够准确掌握春耕、夏耘、秋收、冬藏的时令节气，就不会错过农时耽误生产了，由此大大促进了社会的进步。（今山西省襄汾县陶寺遗址考古发现了尧舜禹时期的天象台遗存。《夏小正》被保存在西汉《大戴礼记》中）

第三项，五音听治。

《史记·五帝本纪》记载：

> 辟四门，明通四方耳目。

尧、舜之时，非常重视广开言路，博采善言，并采取措施，打开四方城门，倾听各种意见，保证耳聪目明。

《淮南子·氾（sì）论训》记载：

> 禹之时，以五音听治，悬钟、鼓、磬、铎（duó，铃铛），置鞉（táo，拨浪鼓），以待四方之士。为号曰："教寡人以道者击鼓，谕寡人以义者击钟，告寡人以事者振铎，语寡人以忧者击磬，有狱讼者摇鞉。"

大禹立国后继承、发扬尧、舜时期的好传统，为了治理好国家，创新思维，想出新办法，推出了一种新措施，这就是"五音听治"。大禹命人在朝廷大门外悬挂钟、鼓、磬、铎，放置鞉，利用这五种乐器，接待四方来访之人，并向天下臣民宣布号令："能教我治国道理的就击鼓、能向我解说仁义的就敲钟、能告诉我发生重大事情的就振铃、能提醒我注意忧患的就击磬、有告状打官司的就摇动拨浪鼓。"

"五音听治"是大禹在立国之初政治运作的创新之举，是了解社情民意、解决社会矛盾的重要途径和方式，有助于民众广泛参与国家治理。

实行"五音听治"，简单易行，效果明显。都城内外争相传告，各界人士踊跃来访，一下子出现了"门庭若市"的情景。大禹不辞辛劳，废寝忘食，亲自接待来访者。只要朝廷大门口的任何一种乐器的声音响起，立刻出去接待求见之人，生怕耽误了紧急公务。洗一回头，多次挽着湿漉漉的头发出庭接待；吃一顿饭，多次放下食物起身出去接待。这些都是经常做的事情，从而为后世留下了"一沐三握发""一馈而十起"的千古佳话。

大禹礼贤下士，垂范百官，没有一点帝王的架子。他勤勤恳恳地处理政务，虚怀若谷地对待臣民，形成了勤政为民、高效办事的执政队伍和行政环境，营造出了国家初创、蓬勃向上的社会氛围。"五音听治"体现了信访建言、议事理政、诉讼司法等多种功能。它是华夏立国初期朝政情况的缩影，是上古时期民主政治的萌芽，是华夏文明的亮丽之光。

第四项，兴文重教。

《易经》曰：

观乎人文，以化成天下。

华夏民族早在伏羲时期就开始了文明教化，尤其是音乐教化。《楚辞·大招》说："伏羲作瑟，造《驾辩》之曲。"

从黄帝开始，历代都重视礼乐教化。《史记·乐书》说："……凡王者作乐，上以承祖宗，下以化兆民。""乐者，天地之和也；礼者，天地之序也。""礼节民心，乐和民声，政以行之，刑以防之。"

上古时期，历代帝王都制作了有名的乐曲。《汉书·礼乐志》说："昔黄帝作《咸池》、颛顼作《六茎》、帝喾作《五音》、尧作《大章》、舜作《招》、禹作《夏》……"

大禹建国后，实行以德治国，大兴礼乐文化，对稳定社会发挥了重要作用。《礼记·中庸》说："虞夏之道，寡怨于民。""虞夏之文，不胜其质。"意思是说，到夏朝时道德广播，大行其道，民众很少有怨言。礼乐文化非常有质量。

大禹建国后，首开国家办教育的先河。在都城中建了东序，在都城西郊建了西序，分别赡养年老官员和庶民中的老人。（见《礼记·王制》："夏后氏养国老于东序，养庶老于西序。"）

大禹还在都城和地方开办学校教育。（见《孟子·滕文公上》："设庠序学校以教之。庠者，养也；校者，教也；序者，射也。夏曰校，殷曰序，周曰庠；学则三代共之，皆所以明人伦也。"《御批通鉴辑览》："夏后氏大禹……建学：国学为学。大学为东序，在国中；小学为西序，在西郊。乡学为校。"）

大禹是华夏立国之祖，也是华夏建学之祖。夏朝的学校教育尽管是初步的、简单的，但毕竟有了好的开端。

夏朝的文字比商代甲骨文早好几百年。经过考古发掘，在尧都平阳遗址（今山西省襄汾县陶寺遗址）发现了距今4000多年的文字。在一个扁形陶壶上有用朱砂写的两个字"文"和"命"（有争议），可能是大禹治水时的专用水壶，因《史记·夏本纪》说："夏禹，名曰文命。……禹者，黄帝之玄孙而颛顼之孙也。"这个陶壶上的"文"与甲骨文中"文"字写法是一样的。

第五项，倡导廉政。

大禹自23岁治水到93岁建国的70年间，从平治水土、巡视各州到代理朝政，从担任司空到被尊为山川神主，直至做摄政王，一直保持艰苦奋斗、廉洁从政的作风和舍己为公、无私奉献的品格。

大禹即天子位，建立夏朝之后，为了保障国家能够长治久安，他又推出了一项重大举措——倡导廉政，并首先从自己做起，以身作则，垂范天下。

《论语·泰伯》记载：

> 子曰，禹，吾无间然矣。菲饮食而致孝乎鬼神；恶衣服而致美乎黻
> （fú）冕；卑宫室而尽力乎沟洫。禹，吾无间然矣。

大禹生活简朴，不贪图享乐、不讲究吃穿。平时的饮食都是普通的饭菜，从不用山珍海味，而把最好的食品用来孝敬鬼神。平时最不喜欢穿高档衣服，而用美丽的衣服祭祀先祖圣王。大禹不修豪华宫室，而把节约下来的钱财尽量用在兴修沟渠水利和发展生产上。

大禹带头戒酒，严于律己。

《战国策·魏策》记载：

> "……昔者帝女令仪狄作酒而美，进之禹。禹饮而甘之，逐疏仪
> 狄，绝旨酒。曰：后世必有以酒亡其国者。"

舜帝的女儿命令一个叫仪狄的人造酒。这种酒是用粟（小米）酿制的美酒。仪狄将酒进献给大禹。大禹饮了之后觉得很甜，知道这种甜酒要用很多甜粟才能酿制而成后，觉得太浪费粮食了，饮这种酒太奢华了。于是疏远了仪狄，宣布戒绝这种用粟酿制的甜酒，并警示说："后世必有因饮酒成风、奢侈浪费、享乐腐化而亡其所在之国的人君。"

由于大禹倡导廉政，建国初期朝野上下，风清气正，朝中大臣和各诸侯国首领都能勤政廉政，爱惜财力，爱惜民力，使社会和谐，人民安居乐业。

第十四章

禹铸九鼎

昔夏之方有德也，远方图物，贡金九牧，铸鼎象物，百物而为之备，使民知神、奸。故民入川泽山林，不逢不若。魑魅罔两，莫能逢之，用能协于上下以承天休。

——《春秋左传》

公元前2069年（禹二年），大禹94岁。

大禹感到自己年纪越来越大，身体越来越弱，必须尽快确定继任者。因为治国需要治国英才。

《史记·夏本纪》记载：

> 帝禹立而举皋陶荐之，且授政焉，而皋陶卒。封皋陶之后于英、六，或在许。

皋陶是尧、舜时期的大法官，制定刑法，公正司法，是治国理政的能臣，还有一套治国理念。在朝臣中政绩突出，在社会上口碑很好。大禹任司空领导治水，皋陶为大理负责司法，两人配合默契。皋陶比大禹资格老，但对大禹这位后起之秀和治水英雄表示由衷敬佩，加之与大禹的治国理念一致，因而在舜主持的朝政讨论会后，运用行政手段发起宣传大禹的运动，对不执行者还要以刑法惩处。皋陶与大禹也有意见不一致的时候，曾经几次表露出来，但大禹没有因此而不举荐皋陶。

大禹完全出于公心，从有利于治国理政角度考虑，坚持唯才是举，利国利民。于是，大禹在神庙举行庄重的仪式，向上天举荐皋陶为继承人，并授权主政。

然而，"授政"不久，皋陶就去世了。大禹感到非常痛惜和遗憾，于是就把皋陶的后代分封在英、六两地（今安徽省的金寨县和六安），还有说分封在今河南省许昌市的。

而后举益，任之政。

皋陶去世后，朝政还要人主持，继任者还需确定。第二年，大禹又举荐益，任命他为摄政。

益，又称伯益，是辅佐尧、舜、禹三代帝王的重要朝臣。益与后稷作为大禹治水的得力助手，劳苦功高。特别是大禹行山表木，平治水土，巡视各州，考察天下水文地理，普查自然资源和风俗民情，都是益在陪伴同行，并做符号标志和文字记录，这些资料成为后世《山海经》成书的来源。在尧、舜两代朝臣中，益和大禹是共事时间最长、配合最好的一对老同事、老搭档。因而，大禹举荐益作为继任者是完全正确的，益作为禹的继任者也是完全合格的。

益摄政后，全力辅佐大禹，推进了夏朝各项事业向前发展。

公元前2067年（禹四年），大禹96岁。铸九鼎，象九州。

大禹建国后，继承华夏人文始祖伏羲和黄帝铸鼎的传统，并有发展创新。《史记·封禅书》说："闻昔泰帝（太昊）兴神鼎一，一者一统，天地万物所系终也。黄帝作宝鼎三，象天地人。禹收九牧之金，铸九鼎。皆尝亨（煮）鬺上帝鬼神。"（经考古发现，黄帝铸鼎原遗址在今河南省灵宝市境内。）

大禹为什么要铸九鼎呢？

《春秋左传》记载：

昔夏之方有德也，远方图物，贡金九牧，铸鼎象物，百物而为之备，使民知神、奸。故民入川泽山林，不逢不若。魑魅罔两，莫能逢之，用能协于上下以承天休。

夏朝建立之后有德政。按照贡赋制度，九州的州牧（官）向朝廷进贡金（当时把铜称作金）。大禹用九州进贡来的这些金（铜），铸成九个大鼎，把各州的有害生物和恶兽神怪都铸在鼎上。这九个鼎都放在朝廷大门外，让民众知晓。于是民众进入川泽山林，就不会迷路，就会避开那些有毒生物和恶兽神怪。大禹用九鼎来协调朝廷和九州民众的关系，以承接天意。

大禹铸九鼎，不仅用来烹煮食物祭祀上帝鬼神，而且用来为民众作旅行指南，上承天意，下惠民众。

大禹所铸的九鼎，传于夏、商、周三朝，被尊为镇国之宝，但后来却不知去向。秦始皇泰山封禅祭天归来途中，曾命人在泗水捞鼎但一无所获（汉画像砖上有"泗水捞鼎"图像）。由于九鼎象征夏朝九州一统，象征大禹的权威和功德，是夏朝的国之重器，故为后世留下了"革故鼎新""一言九鼎""问鼎中原"等成语典故。

第十五章

禹会涂山

禹合诸侯于涂山，执玉帛者万国。

——《春秋左传》

五年，巡狩，会诸侯于涂山。

——《竹书纪年》

按照尧帝"五年一巡狩"的惯例，大禹登天子位后的第一个五年就要到了。经过慎重考虑，大禹决定把涂山作为巡狩的首选之地，要在那里召开诸侯国首领大会并举行会盟祭天大典，检验夏朝与各诸侯国的统属关系，宣示新生国家政权的权威。那么，地点为何选在涂山呢？理由有以下几条。

第一，涂山是大禹与女娇成婚之地，有恩重如山的岳父母，那里是他的第二故乡。

第二，涂山氏国为治理洪水付出了很多，淮夷部落做出过巨大贡献。在此会盟，可以弥补对妻族的亏欠，报答淮夷部落的父老乡亲。

第三，涂山氏国是淮夷强国，具备承办大型会议的接待能力，可以使会盟活动圆满成功。

第四，涂山位于淮河边，处于黄河和长江之间，地理位置比较适中。四方八面诸侯会集于此，水陆交通方便。这样，前来赴会的诸侯国代表可以多一些，会议规模可以大一些，祭祀规格可以高一些，场面更隆重一些，影响更广泛一些。

大禹做出决定之后，由摄政大臣益具体组织实施，其他朝廷大臣开始了紧张有序的筹备工作。这是大禹登基后的第一次巡狩和诸侯会盟祭祀大典，也是夏朝建立后第一次全国性的大型活动，因此朝野上下、九州各地、大小诸侯国都进行了全面动员。

筹备工作主要有三部分：

第一，朝廷的准备。主要是安排好大禹和陪同大臣及随行人员的交通路线、车船鞍马与后勤保障等诸多事宜。

第二，各部落诸侯国的准备。人员准备，包括首领及随行人员，从事祭祀的神职人员，祭祀礼器的制作人员；财物的准备，包括参加会盟和祭祀大典用的珍贵礼品和祭品，以及作为贡赋上缴的土特名优产品。

第三，会盟祭典举办地的准备。涂山氏国作为承办单位，要做大量的工作，如修建专门祭祀的大型场地和祭坛、专门制作祭祀礼器、各诸侯国的旗杆、祭祀专用的"牺牲"、朝廷代表团和诸侯国代表团的临时住房、数百上千人的生活必需品，等等。

经过近一年时间的筹备，全部工作准备就绪。大禹带着妻子女娇和儿子启，还有摄政大臣益、礼仪官伯夷、乐官夔、主管教化的契、负责接待的龙等大臣，"四岳"和祭祀的巫师等提前到了涂山。

大禹亲自检查各项准备工作的落实情况。因为这次会盟祭祀关系到九州一统和国家政权的巩固，其意义非常重大，他要亲自检查后才放心。经过好几天的仔细察看，大禹感到很满意。万事齐备，只待良辰吉日，会盟祭典就可以开始了。

《春秋左传》记载：

> 禹合诸侯于涂山，执玉帛者万国。

《竹书纪年》记载：

> 五年，巡狩，会诸侯于涂山。

公元前2066年（禹五年），大禹97岁。

这年秋天，在涂山脚下新建成的会盟祭祀广场上，史无前例、规模空前的一次盛典开始举行。

朝廷大臣和来自各诸侯国的首领站满了巨大的"甲"字形（或"T"形）祭祀广场。

广场中轴线上，数十根直立的旗杆等距离排列，整齐划一，几十面绘有各诸侯国图腾的五彩旗幡，迎风招展，鲜艳夺目。广场中的祭坛上摆满了带有各地风格的陶礼器和玉器等贵重祭品，还有猪、牛、羊等牺牲品。乐队演奏着典雅的《大夏》乐曲。燎祭的烈火熊熊燃烧，烟气直上九霄。

祭典按程序进行。大禹身穿一套华美艳丽的祭服，双手握着象征荣耀和权力的玉板玄圭，庄重而又威严地站在临时搭起的高台上，领着众大臣和各地诸侯面向北方天地拱手作揖行鞠躬礼。大禹礼毕转身面向南方站定，接受大臣和诸侯的朝拜。祭祀巫师们手舞足蹈，围着祭坛做法事，羊皮鼓声伴着脚步声有节奏地响个不停。场外有各诸侯国会集于涂山的工匠艺人，还有附近的百姓，一圈一圈地向远处延伸。

这场盛大的活动，来自各地的成千上万的部落诸侯会聚于涂山，祭祀天地，会盟立誓，表达了拥戴夏禹王、维护大一统的意愿，可以说是开天辟地的大事件。它反映了夏朝建立初期的社会现状：治水成功后，气候正常，风调雨顺，生产发展，百业兴旺，社会财富增多。（《帝王世纪》说："故公家有三十年之积，私家有九年之储。"）部落诸侯之间关系融洽，新生国家的凝聚力比起以前的部落联盟大大增强，因而出现了一个安定祥和的新时代的景象。

（中华文明探源工程——禹会村遗址考古发掘证实，遗址年代距今约4100年，与大禹时代基本对应。大型堆筑祭祀台基面积2000多平方米，祭祀台中轴线上还存有35个旗杆洞，还有高出台基一米多的方形夯土台。周围还有祭祀坑群落和白土礓等祭器，祭祀沟和五彩美石，两处大型棚屋区，数量众多的磨石，千万人踏出的通道等。五次发掘总面积8000多平方米，仅占探查面积50万平方米的六十分之一，但已印证了古籍的记载。蚌埠市已建成了"禹会村遗址博物馆"，供人们参观缅怀夏禹王的丰功伟绩。）

第十六章

禹巡江南

八年春，会诸侯于会稽，杀防风氏。……秋八月，帝陟于会稽。

——《竹书纪年》

大禹在长期治水和辅佐舜帝摄政期间，就表现出偏爱集中、崇尚统一的思维定式。这种思维是从九州地势西高东低，洪水泛滥跨区域，从源到流战线很长，治水需要统一规划和强有力的集中领导的实际中产生的。

大禹建国后，如何巩固夏王朝，维护一统天下，就成为他的一种政治本能。涂山会盟祭祀后，夏朝与各诸侯国的统属关系进一步密切。大禹对来之不易的大一统局面非常看重，时刻关注着那些可能危害夏王朝、挑战统一的力量。

大禹了解到，近年来东南方防风氏部落有些异动，贡赋逐年减少，延误拖欠，不愿执行夏朝的政令。大禹派人暗访，探听到了实情，原来是防风氏这个部落酋长在捣乱。防风氏从部落联盟到夏朝建立，除治水期间比较配合外，对朝廷一直不愿臣服，曾与三苗族勾结，骚扰一方。大禹平三苗后，防风氏一度有所收敛。涂山会盟后，这几年来又蠢蠢欲动，一心想摆脱与夏朝的统属关系，谋划出头称王，妄图割据东南。

大禹不能容忍防风氏这种背叛朝廷、挑战中央、破坏统一的做法。为了尽快解决防风氏的问题，稳定东南一方，维护夏朝的大一统局面和新生国家政权长治久安，大禹决定打破"五年一巡狩"的惯例，提前进行第二次巡狩，巡狩地点定在东南滨海地区。头年年底前，朝廷向九州各地的诸侯国传达了通知。

《竹书纪年》记载：

八年春，会诸侯于会稽，杀防风氏。……秋八月，帝陟于会稽。

公元前2063年，大禹登天子位第八年，已经百岁稀龄了。

由于长期治水，经风沐雨，大禹落下了风湿病和关节炎，走路不是很方便，再加上常常废寝忘食、亲力亲为，已是衰老病残之身。大禹感到时日无多，必须在生前解决防风氏问题并对有关国事做好交代。

这年春天，大禹不顾风烛残年和舟车劳顿，带着儿子启和朝中大臣向东南沿海巡狩。

《竹书纪年》记载：

南巡狩，济江，中流有二黄龙负舟，舟人皆惧。禹笑曰："吾受命于天，屈力以养人。生，性也；死，命也。奚忧龙哉。"龙于是曳尾而逝。

大禹一行人乘船进入扬子江（长江下游）。"中流激水，浪遏飞舟"。船上的人们正在观赏大江东去、"日出江花红胜火"的壮丽景色，忽然有人惊叫："大事不好，船下有两条黄龙在顶船呀！"船上众人听到惊叫，异常恐惧，一个个吓得脸青面黑。（所谓黄龙，实际上是金色的阳光照在鳄鱼身上的影像。上古时候人们把鳄鱼称作龙，把饲养鳄鱼的能人称作豢龙氏）

大禹站在船头，仰天笑道："我禹受天命而为王，实行德政而养民，无愧于天，也无愧于民。生，是人的性情所在。死，是人的命运该绝。生死由命全在天意，何必担忧龙的出现。"

众人听了大禹的话，再往船下看。只见那两条龙（鳄鱼）摆着尾巴消失在滚滚江流之中。

烟花三月，草长莺飞，姹紫嫣红，江水绿如蓝。大禹一行乘船出了长江口，顺着海岸南行，来到了江山美如画的莫干山余脉瑶山附近的钱塘湾，弃船登岸。（据说今浙江省余杭之名即由"禹航"演变而来。瑶山一带的良渚古城内城面积300万平方米，外城面积更大，并建有巨型水坝，这是迄今发现的最早的东方古国遗址，距今5300多年。该遗址已由中国国家文物局申报世界文化遗产）

大禹登岸后，改为乘车前行，沿途了解民情风俗。

《吴越春秋》记载：

> 见缚人，禹拊其背而哭。益曰："斯人犯法，自合如此，哭之何也？"禹曰："天下有道，民不雁辜；天下无道，罪及善人。吾闻，一男不耕，有受其饥；一女不桑，有受其寒。吾为帝统治水土，调民安居，使得其所，今乃雁法如斯，此吾德薄，不能化民证也。故哭之悲耳。"

大禹在车上看见前面有一队武士押着一个被反绑着双手的罪人在路上行走，就下车来察看。不料大禹抚着罪人的后背哭了。益问道："这个人犯法，自然应该捆绑法办，你哭他何来呀？"大禹说："治理天下有德政，黎民不会无辜遭罪。天下没有公道，善人也会遭罪。我听说一个男子不耕田种粮就会受饥饿，一个女子不采桑养蚕织丝就会受寒冷。我作为帝王统治天下水土，应该调理黎民安居乐业，使他们各得其所。今天见到这个违法遭罪的人，这是我的德行不够，是不能很好地教化黎民的例证，所以感到悲伤。"（大禹"下车泣罪"，成为流传后世的典故佳话）

在益的劝说下，大禹又上车继续前行。行了几十里后，来到一处邑聚，听到一阵阵悲惨的哭泣之声。大禹又下车察看，才知道是一农夫家中穷困，无法生活下去，只好在路边卖孩子。大禹心里非常难过，转过身来上了车，把益叫过来说："这趟回去，由你安排人手去历山采金，铸成货币，救济那些因为没有食物而卖掉孩子的人家，让他们把卖掉的孩子赎回来。我主张的'德为善政，政在养民'的理念不能成为空话，我不能愧对天地祖宗，不能愧对黎民大众。"益表示照办，立即着手安排。（见《管子》："禹以历山之金铸币以济人之困。"《纲鉴易知录》："禹以历山之金铸币，赎民之无馇卖子者。"）

第十七章

禹葬会稽

帝禹东巡狩，至于会稽而崩。以天下授益。……或言禹会诸侯江南，计功而崩，因葬焉，命曰会稽。会稽者，会计也。

——《史记·夏本纪》

大禹带领益等朝廷大臣和儿子启，顺利到达了东南沿海的茅山（原名苗山，今浙江省绍兴市）。诸侯大会就在这里举行。

《史记·夏本纪》记载：

> 帝禹东巡狩，至于会稽而崩。以天下授益。……或言禹会诸侯江南，计功而崩，因葬焉，命曰会稽。会稽者，会计也。

各地诸侯根据朝廷通知，按时到达。会盟和祭祀活动如期举行。大禹和朝廷大臣、各地诸侯，隆重祭拜天地祖宗，供奉"牺牲"大礼，演奏《大夏》音乐，纵情歌舞。各地诸侯纷纷敬献贡品。

这次活动不同于涂山大会的是，祭典之后，大禹按照"三年一考功"的惯例，根据涂山大会以来的情况进行考核评议，计功行赏。

《吴越春秋》记载：

> 乃大会计治国之道。……封有功，爵有德，恶无细而不诛，功无微而不赏。

大会讨论治国的计策，对有功的封赏，对有德的赐给爵位，对恶事再小的也给予处罚，对功劳再小的也给予奖赏。整个活动气氛热烈，夏朝和各诸侯之间关系更加融洽，国家的凝聚力进一步增强。大禹的威望如日中天。令人遗憾的是，防风氏偏偏未到，与会诸侯对此耿耿于怀。

《史记·孔子世家》记载：

> 防风氏后至，禹杀而戮之。

大会结束之前，防风氏终于来了。但他既不带贡品，又不谦恭跪拜，态度极其傲慢。大禹好言教化，他却忤逆相对。

防风氏是东南滨海地区的土著部落的酋长，长得人高马大，好似铁塔一般，一贯蛮横无理，欺负弱小，称霸一方，对新生的夏朝不归顺、不臣服，不听帝命。这次诸侯大会，他是故意迟到，包藏祸心，公开挑战朝廷的权威。

防风氏没想到的是，大禹提前巡狩江南正是来除恶的。大禹高坐台上，大声说道："胆大的防风氏！你藐视朝廷，无法无天，破坏统一，危害一方，罪不可恕！斩首示众！"

早已安排在两边的武士一拥而上将防风氏擒拿捆绑，推出场外正法。只见手起刀落，尸首分离，鲜血溅地。在场诸侯骇然失色，受到震慑，噤若寒蝉。

大禹好言宽慰，并训示各诸侯要遵从天意，违背天意将会得到与防风氏一样的下场。诸侯们全都表示会顺从天意，拥护夏朝，维护统一。自此，新生的国家政权得到了巩固。由于诸侯大会计，大禹把茅山命名为会稽山。

大禹一辈子没有好好休息过。青壮年时治水，经受了常人难以承受的磨难，伤病缠身。中老年时摄政、日夜操劳。登上天子位，治国为民，劳累忧思。这次提前巡狩，召开诸侯大会，祭祀天地，计功封赏，诛杀防风氏，维护了国家统一。做完这一连串的大事，处于垂暮之年而又身残体衰的百岁老人心力交瘁，一下子病倒卧床不起了。大禹叹息道："我晏岁年暮，寿将尽矣！"

大禹向群臣做了政治交代，将治理天下的重任交给了益，并做了训示。
《尚书·五子之歌》记载：

> ……民可近，不可下。民惟邦本，本固邦宁。予视天下，愚夫愚妇一能胜予。一人三失，怨岂在明？不见是图。予临兆民，懔乎若朽索之驭六马，为人上者，奈何不敬？

大禹说："人民可以亲近，不可以轻视。人民是国家的根本，根本巩固，国家就安宁。我看天下的人，就是愚夫愚妇都能胜过我。一个人多次失误，难道要等到民怨很明显的时候才去反思吗？应当在还未形成之时考察它，防患于未然。我治国理政，面临天下民众，恐惧得像用朽坏绳索驾驭着六匹马拉的车子，做君主的人怎么能不敬不怕呢？"

（大禹的这段训示，可谓中华第一祖训。大禹的民本思想成为后世治国理念的基石，受到历代帝王的遵从）

随后，大禹又对自己的后事做了交代。

《吴越春秋》记载：

> 命群臣曰："吾百世之后，葬我会稽之山，苇椁桐棺，穿圹七尺，下无及泉，坟高三尺，土阶三等。葬之后，曰：无改亩，以为居之者乐，为之者苦。"

大禹对群臣命令道："我死之后，就葬在会稽山。用芦苇作椁、桐木作棺，墓穴深七尺，下面不触及泉水，坟头高三尺，土台阶三级。埋葬之后，不要改变周围的耕作田亩，使这里居住的人快乐，而不要让他们受苦。"

大禹作了上述交代后，没过几天就与世长辞了。益和众大臣及启等亲属，按照大禹的临终遗嘱，在会稽山举行了简朴的葬礼，然后返回了都城。

（大禹首倡薄葬、首倡节约资源、首倡环境保护的远见卓识和高风美德流芳千古。为了纪念这位华夏立国之祖，后世在安葬大禹的会稽山麓重建了

气势恢宏的大禹陵庙，供华夏子孙瞻仰祭拜）

《史记·夏本纪》记载：

> 三年之丧毕，益让帝禹之子启，而辟居箕山之阳。禹子启贤，天下属意焉。及禹崩，虽授益，益之佐禹日浅，天下未洽。故诸侯皆去益而朝启，曰："吾君帝禹之子也。"于是启遂即天子位，是为夏后帝启。

为大禹守丧三年后，益谦让于大禹的儿子启，隐居到箕山南面（今河南省新密市）。大禹的儿子启贤明，天下人都愿归顺启。大禹逝世前，虽然以天下授益，但因为益辅佐大禹摄政时间短，还没有取得天下人的信任。诸侯们都离开益而去朝拜启，众口一词地说："启是我们君王先帝禹的儿子啊！"于是启在诸侯们的拥戴下，登上了天子位，这就是夏朝第二个帝王启。

《竹书纪年》记载：

> 禹立四十五年……自禹至桀十七世，有王与无王，用岁四百七十一年。

大禹在舜帝时期摄政三十七年，登帝位八年，共计四十五年。夏朝从大禹至桀经历十七代，有王与无王（太康失国，后羿、寒浞执政未称王），一共四百七十一年。

（中国"夏商周断代工程"结论和《夏商周年表》公布：夏朝起于公元前2070年，大禹为夏朝第一个王）

大禹因其治水功劳特大被称为大禹；因被尊为山川神主，而称为神禹；因创建夏朝又被称为夏禹。

大禹是人类历史上最伟大的治水英雄，是华夏立国祖先，是全世界华人崇拜的偶像。大禹民本思想是后世治国理念的基石和儒家学说的源头；大禹精神是中华民族伟大精神的象征；大禹功德，与日月同辉，万世永赖。

公元纪年	帝王纪年	禹的年龄	纪　事
前2162年	尧五十三年	禹生	六月六日生禹于西羌石纽（今四川省北川羌族自治县禹里镇石纽村）。禹母修己。禹父鲧在都广之野（今成都平原）治水
前2154年	尧六十一年	9岁	禹父鲧奉尧命去中原治水，封崇伯。封地在崇高山（今河南嵩山）一带。禹随母修己在家乡生活
前2146年	尧六十九年	17岁	鲧治水九年无成，流放羽山（今江苏省连云港市赣榆区与山东省交界处）自杀。禹为继承父志，在西羌学习治水
前2142年	尧七十三年	21岁	尧命舜摄政。第二年舜初巡四岳
前2140年	尧七十五年	23岁	舜及四岳举荐禹继父治水。尧封禹为司空，总领治水大业
前2139年	尧七十六年	24岁	尧命禹率军征伐曹魏之戎获胜
前2133年	尧八十二年	30岁	禹娶涂山（今安徽蚌埠市）女娇为妻，结婚第四天即离家治水
前2129年	尧八十六年	34岁	禹治水成功，尧赐玄圭，封禹为夏伯，封地在阳翟（今河南禹州市）。因禹治水功劳特大，天下宗之，故曰大禹

公元纪年	帝王纪年	禹的年龄	纪　事
前2128年	尧八十七年	35岁	尧命司空伯禹领统州伯，巡视十二州。禹普查十二州地理资源及风土民情，伯益记录，后此成为《山海经》的来源
前2125年	尧九十年卒	38岁	舜为尧守丧三年，避尧之子丹朱于房陵（今湖北房县）
前2122年	舜元年	41岁	舜即天子位，居冀方，都蒲坂（今山西永济市）
前2109年	舜十四年	54岁	舜荐禹于天，行天子事（摄政）。封禹为夏后，赐姒姓
前2108年	舜十五年	55岁	舜命禹执事于太室
前2091年	舜三十二年	72岁	舜命禹总管众民
前2090年	舜三十三年	73岁	禹受命于神宗。禹将尧时划分的十二州调整为九州，即冀州、兖州、青州、徐州、扬州、荆州、豫州、梁州、雍州，并根据不同情况分别确定九州的贡赋
前2088年	舜三十五年	75岁	舜命禹征有苗。三月出征，七月有苗格，来朝
前2073年	舜五十年卒	90岁	禹为舜守丧三年，避舜之子商均于阳城（今河南登封市告成镇）
前2070年	禹元年	93岁	禹即天子位于韩，都安邑（今山西夏县），国号夏。颁夏时于邦国。在宫廷外置钟、鼓、磬、铎、鼗五种响器，以五音听治
前2069年	禹二年	94岁	禹举皋陶摄政
前2068年	禹三年	95岁	皋陶死，禹又举益摄政
前2067年	禹四年	96岁	禹收九牧之金，铸九鼎，象九州
前2066年	禹五年	97岁	禹会诸侯于涂山（今安徽蚌埠市），执玉帛者万国，祭天盟誓，维护统一
前2063年	禹八年卒	100岁	春，禹巡狩江南，会诸侯于会稽（今浙江绍兴市），斩杀不服统一、不遵禹命、故意迟到的防风氏。秋八月，禹病亡，薄葬于会稽山
			禹亡三年后，其子启由诸侯拥立即天子位。自禹至桀，十七世，有王与无王，历四百七十一年

说明:

一、史料依据:主要有《竹书纪年》《尚书》《大戴礼记》《史记》《越绝书》《吴越春秋》《纲鉴易知录》《稽古录》《御批通鉴辑览》等书及《夏商周年表》。

二、夏朝始于公元前2070年,大禹是夏朝的第一个王,这是国家"夏商周断代工程"的标志性成果。

三、大禹治水十多年,年三十结婚,三过家门而不入,这是不少史籍的记载,也是几千年来的文化认同。

四、大禹九十三岁即天子位,在位八年,百岁而亡,这是不少史籍的记载,也是几千年来不可否定的民族记忆。

五、经考古发掘证明,"禹娶涂山"和"禹会涂山"地址,在今安徽省蚌埠市禹会村,这是"中华文明探源工程"的重大成果。

六、本表公元纪年系根据上述依据,对应尧帝、舜帝纪年推算而来。作为一家之言,以供参考。

(本表由李德书编撰,四川省北川羌族自治县大禹博物馆展板刊载)

一、禹生石纽史料专辑

帝禹夏后氏。母曰修己，出行，见流星贯昴，梦接意感，既而吞神珠。修己背剖，而生禹于石纽。

——战国《竹书纪年》

或曰："东方物所始生，西方物之成熟。"夫作事者必于东南，收功实者常于西北。故禹兴于西羌，汤起于亳，周之王也以丰镐伐殷。

——西汉·司马迁《史记·六国年表》

禹出西羌，文王生北夷。

——西汉·桓宽《盐铁论·国疾》

禹本汶山郡广柔县人也，生于石纽，其地名刳儿坪……
禹，六月六生于石纽，身长九尺二寸。

——西汉·扬雄《蜀王本纪》

禹父鲧者，帝颛顼之后。鲧娶于有莘氏之女，名曰女嬉，年壮未孳。嬉于砥山，得薏苡而吞之，意若为人所感，因而妊孕，剖胁而产高密。家于西羌，地曰石纽。石纽，在蜀西川也。

——东汉·赵晔《吴越春秋·越王无余外传》

先人伯沈（杕），匪志慷慨，术禹石纽、汶川之会。帷屋甲帐
（帐），龟车留遬，家于梓潼（潼），九族布列，裳绕相袭，名右
冠盖。

——东汉·雍陟《景云碑》①

禹本汶山郡广柔县人，生于石纽，其地名刳儿坪。

——三国·谯周《蜀本纪》

禹生石纽，今之汶山郡是也。

——东晋·陈寿《三国志·秦宓传》

石纽，古汶山郡也。崇伯得有莘氏女，治水行天下，而生禹于石纽
刳儿坪。

——东晋·常璩《华阳国志·蜀志》

石纽，今夷人共营其地，方百里，不敢居牧，至今不敢放六畜。

——东晋·常璩《华阳国志·补遗》

禹，六月六日生于石纽。（广柔）县有石纽邑。

——三国·皇甫谧《帝王世纪》

我若仲尼长东鲁，大禹出西羌，独步天下，谁与为偶！

——南朝·范晔《后汉书·戴良传》

---

① 此碑2004年3月出土于重庆市云阳县旧县坪，现存于重庆中国三峡博物馆。

沫水出广柔徼外（《汉书·地理志》云：蜀郡有广柔县）。（广柔）县有石纽乡，禹所生也（《开山图注》云：女狄暮汲石纽山下，泉中得月精如鸡子，吞之遂孕，十四月而生禹。扬雄《蜀王本纪》云：禹本汶山郡广柔县人也，生于石纽）。今夷人共营之，地方百里，不敢居牧，有罪逃野，捕之者不逼，能藏三年，不为人得，则共原之，言大禹之神所祐也。

——北朝·郦道元《水经注·沫水》

茂州汶川县石纽山，在县西七十三里。广柔废县，在汶川治西七十三里。

——唐·李泰等著《括地志》

伯禹夏后氏，姒姓也，生于石纽……长于西羌。

——唐·欧阳询《艺文类聚》

禹，汶山广柔县人，生于刳儿坪。……禹自名刳儿坪，至县治五里。

——唐·李吉甫《元和郡县志》

汶川，汉绵虒县地，属蜀郡。晋置汶川县，后周移汶川于广阳县齐州置，即今治也。玉垒山在县东北四里。石纽山，亦在县界。永徽二年，废北川县并入石泉。

——五代·刘昫等《旧唐书·地理志》

禹生石纽，起于龙冢。龙冢者，江源岷山也。

——五代·杜光庭《青城记》

禹生于石纽，石纽村在汶川县西一百二十里。……石纽村在今茂州汶川县北四十里。

——北宋·乐史《太平寰宇记》

禹生石纽，古汶山郡也。

——北宋《方册》

石纽村在汶川西番界龙冢山之原。……

鲧，高阳氏孙，字熙，汶山广柔人也。鲧纳有莘氏女曰志，是为修己，年壮不孳，获若后于石纽，服媚之而孕。岁有二月，以六月六日屠副而生禹于僰道之石纽乡，所谓刳儿坪者。长于西羌，西夷人也。

——南宋·罗泌《路史》

石泉，中下。贞观八年置，永徽二年省北川县入焉。有石纽山。

——北宋·欧阳修等著《新唐书·地理志》

石纽山在今石泉县南。

——北宋《郡国志》

（石纽）在茂州石泉县。其地有禹庙，郡人相传，禹以六月六日生此。《元和郡县志》：禹汶山广柔人，生于石纽村。《水经注》：县有石纽乡，禹所生也。广柔，即今石泉军。

——南宋《吴越春秋·越王无余外传·徐天祐注》

灵帝以汶江、蚕陵、广柔三县立汶山郡，广柔即今石泉也。
禹生于石纽。……本属茂州，今在石泉县南。

——南宋《方舆胜览》

禹生于石纽村，古石纽在茂州，今石纽在石泉军。

——南宋《舆地纪胜》

（石泉）隋汶川县地，属汶川县。唐贞观八年析置石泉县，属茂州，皇朝熙宁九年来属。有石纽山，禹之所生也。

——南宋《舆地广记》

秦汉而下，为国曰冉駹，为道曰绵虒，为邑曰广柔也。汉灵帝析而郡之曰汶山。后周又析而邑之曰汶山。唐贞观八年又析而县之曰石泉。唐以前石泉之名未立，谯周、陈寿、皇甫谧皆指石纽为汶山之地。周曰："禹生于汶山广柔之石纽，其地为刳儿坪。"寿曰："禹生汶山石纽，夷人不敢牧其地。"自石泉之名立，其后唐《地理志》、国朝《职方书》、《先儒舆地记》皆以石纽归石泉。虽莫辩其故，然汶山之山曰铁豹，江水出焉。汶川之山曰玉垒，湔水出焉。石泉之山曰石纽，大禹生焉。

——南宋·计有功《大禹庙记》

禹穴在四川石泉县治之北……有"禹穴"二字，乃李白所书。

——明·陈仁锡《潜确居类书》

禹乃皇帝玄孙。黄帝生昌意，昌意生颛顼，颛顼生鲧，鲧娶有莘氏女名修己，见流星贯昴，梦接而孕，怀十有二月，乃尧戊戌五十八载六月六日，生禹于僰道之石纽村（僰，音北，邑名，在今四川龙安府石泉县）。

——明·王黉注本《新刻按鉴编纂开辟衍绎通俗志传》卷五·禹王
承位会诸侯（周游撰）

石泉石纽山，禹产地也。

　　　　　　　　　　——明·高简《石泉禹庙岣嵝碑跋》

蜀之石泉，禹生之地，谓之禹穴。

　　　　　　　　　　——明·杨慎《杨升庵外集》

蜀之石泉，禹生之地，谓之禹穴。其石杳深，人迹不到。顷巡抚仪封刘远夫修蜀志，搜访古碑，刻有"禹穴"二字，乃李白所书，始知会稽禹穴之误。

　　　　　　　　　　——明·杨慎《禹穴》

禹王乃黄帝的玄孙，姓姒氏，鲧之子，母名志，号修己，有莘氏女……尧帝戊戌五十八年六月六日修己胸坼，而生禹于僰道之石纽乡，即今四川龙安府石泉县石纽村禹穴是也。

　　——明《按鉴演义帝王御世有夏志传》卷一（英国博物院藏本）

夏后氏大禹，姒姓，颛顼之孙，鲧之子，生于石纽。[①]
长于西羌[②]。封夏伯，故曰伯禹。天下宗之，故曰大禹。

　　　　　　　　　　——清《御批通鉴辑览》

《易林》：禹生石夷之野。《后汉书·戴叔鸾传》云：大禹生西羌。《水经注》：禹生蜀之广柔县石纽村，今之石泉县也。石纽村，今之石鼓山，其山朝暮二时有五色霞气。又有大禹采药亭，在大业山。

　　　　　　　　　　——清·李调元《井蛙杂记》

---

　　① 谯周《蜀本纪》：禹本汶山郡广柔县人，生于石纽。广柔废县，在今茂州汶川县西北地，有石纽村。《元和志》：禹所生处。考《唐书·地理志》：茂州石泉县治有石纽山。石泉今属龙安府，山下有大禹庙，相传禹以六月六日生此。今以蜀纪、元和志为据。
　　② 今洮、岷、松、茂古为西羌。

蜀之石泉，禹生之地，谓之禹穴……有"禹穴"二字，乃李白所书。

——清·王琦《李太白全集·外记》

大禹庙，在县东南一里石纽山下。禹生于石纽村。未设县先有是庙。

——清《石泉县志·舆地》

禹穴，县北三十里九龙山下，涧谷幽险，人迹罕到。沿溪而入，飞湍喧耳。

——清《石泉县志·古迹》

天下禹穴有三：在会稽者，葬处也；在宛委者，藏书处也；在石泉者，降生处也。

——清《石泉县志·舆地》

禹穴楷书，唐李白手迹……在九龙山石壁。

——清《石泉县志·金石》

禹穴篆书，在九龙山石壁。

——清《石泉县志·金石》

石纽村以山得名。

——清《石泉县志·舆地》

《杨升庵外集》云：广柔隋改汶川，今石泉县也。石纽村，今之石鼓山也。其山朝暮二时有五色霞气。又有大禹采药亭，在大业山。其地药气触人，往往不可到。

——清《石泉县志·古迹》

大禹，黄帝五世孙，名文命。黄帝生昌意，昌意生颛顼，颛顼生鲧。鲧娶于有莘氏之女，名修己，见流星贯昴，遂有娠而生禹于石纽村。

——清《石泉县志·人物》

大禹庙，县东南一里石纽山下。故未设县先有是庙。

——清《石泉县志·坛庙》

刳儿坪在九龙山第五峰下，地稍平，有迹俨如人坐卧之状，相传圣母生禹迹。刳儿者，即修己坼胸之说也。

——清《石泉县志·古迹》

汉晋诸儒，谓"禹生于石夷之野"者，焦赣《易林》也。谓"禹本汶山郡广柔县人，生于石纽"者，谯周《蜀本纪》也。谓"禹六月六日生于石纽"者，皇甫谧《帝王世纪》也。范蔚宗《东汉书·戴良传》云："仲尼生于东鲁，大禹生于西羌。"郦道元《水经注》："禹生于蜀之广柔县石纽村。"嗣后唐宋诸公作地志，谓石纽村以山得名，唐为石泉即汉广柔县地。按：石纽山在县南一里，川西郡县诸山无名石纽者，则禹之诞生于此，无疑也。

——清·姜炳章《禹穴考》

粤考记载：神禹生于石纽村。诸儒作地舆志，皆以石纽为石泉……邑石纽山下旧有庙，《新唐书》志之。

——清·姜炳章《重建夏禹王庙记》

石泉县。石纽山在县南一里，有二石结纽，每冬月霜晨有白毫射云霄。山麓有大禹庙。《名胜志》《帝王世纪》以为鲧纳有莘氏，胸臆坼而生禹于石纽。郡人以禹六月六日生。是日熏修裸享，岁以为常。

——清《四川通志·山川·龙安府》

九龙山。在（石泉）县北二十里，山势嶙峋，排列九岭，如龙起伏状。第五岭下即刳儿坪，禹生于此，血石满溪。李白书"禹穴"二大字，镌于山顶。

——清《四川通志·山川·龙安府》

大禹庙。在（石泉）县东南石纽山下，邑人以禹六月六日生，是日裸享，岁以为常。

——清《四川通志·祠庙·龙安府》

刳儿坪。《一统志》：禹穴在石泉治之北，大禹生此。《旧志》：在九龙山第五峰下，地稍平阔，石上有迹，俨如人坐卧状，相传即圣母生禹遗迹。县石纽山有禹穴，李白书"禹穴"二字刻绝壁上。……

嗣后唐宋诸公作地志，谓石纽村以山得名，唐为石泉具，即汉广柔县地。按：石纽山在县南一里，川西郡县诸山无名石纽者，则禹之诞生于此无疑也。

——清《四川通志·古迹·龙安府》

禹穴碑。《碑目考》：（石泉）县南二十里，夏禹实生于此。镌古隶书"禹穴"二大字于石壁，又有李白所书二楷字。

岣嵝碑。《碑目考》：在（石泉）县南一里，石纽山下，禹庙前。大禹所书，字画奇古。

石纽篆书。在石纽山石上，书人姓名无考。

——清《四川通志·金石·龙安府》

（九龙山第五峰）有"禹穴"李白书二字刻绝壁上。

——清《大清一统志》

　　刳儿坪，在石泉县南石纽山下。山绝壁，上有"禹穴"二字，大径八尺，系太白书。坪下近江处，白石累累，俱有血点浸入，刮之不去。相传鲧纳有莘氏，胸臆坼而生禹石上，皆其血溅之迹。土人云：取石煎水，可治难产。

——清《锦里新编》

　　《蜀王本纪》曰：禹本汶山郡广柔县人也，生于石纽，其地名刳儿坪。《水经注》曰：广柔县有石纽乡，禹所生地。《青城记》曰：禹生于石纽，起于龙冢。龙冢，江源岷山也。《图》荣氏注云：女狄暮汲石纽山下泉中，得月精如鸡子，爱而吞之，十四月生禹。

——清《龙安府志·杂志》

　　禹穴在石泉治之北，大禹生此。有迹俨如人坐卧状，相传即圣母生禹迹……有"禹穴"李白书二字刻绝壁上。

——清《龙安府志·杂志》

　　禹乃黄帝之元孙也。母，有莘氏女，曰志，是为修己。孕岁有二月，于尧戊寅二十八载六月六日生禹于西川之石纽乡。

——清·浙江绍兴禹陵藏本《姒氏世谱》

　　（石纽山）在四川北川县南一里。《唐书·地理志》：石泉县有石纽山。《清一统志》：旧志有二石结纽，因名。有大禹庙。又谯周《蜀本纪》：禹本汶山郡广柔县人，生于石纽。广柔废县在今四川汶川县西北。地有石纽村。《元和志》同。

——民国二十年臧励和《中国古今地名大辞典》

北川古为石纽村，神禹故里也。至北五十里有禹穴，地名清泗沟，两山峡峙，涧水中流，旁可通入。入峡八里，左有幽邃之阿壁，光如瓮，即穴也。对岸逼辕，树几交柯，天光一线。穴下涧石，泽白如玉，有膝掌痕及殷红斑点。水浇其上如血溅染，俗呼洗儿池、血石，即圣母诞禹处。石屑催生颇应，斑点凿灭久，复现如初。

——民国二十一年《北川县志·古迹》

禹庙，每年春秋与关岳庙同时致祭，其仪注与文武庙同，唯无乐歌。当前清初年以北川为大禹降生之地，特颁祀典，祭以太牢，至今仍之。

——民国二十一年《北川县志·礼俗》

（本专辑由李德书选编，四川省大禹研究会、四川省社科院禹羌文化研究所2010年11月内刊出版）

二、东汉以前有关大禹治水的文物佐证

大禹是人类历史上最伟大的治水英雄，是华夏立国之祖、儒学之祖和建学之祖，全世界华人对大禹莫不称颂。到了20世纪30年代，由于疑古派的影响，不少人对大禹其人、大禹治水及夏王朝产生了怀疑，逐渐把大禹及大禹治水说成了神话人物和神话传说。21世纪初，国家"九五"重点科技攻关项目——"夏商周断代工程"结论及《夏商周年表》的公布，以及"中华文明探源工程"——禹会村遗址发掘成果的公布，当今学术界对大禹及大禹治水有了共识。但信者居多，疑者亦有。笔者通过对东汉以前有关大禹治水的文物佐证的梳理，确证大禹实有其人、大禹治水确有其事、夏王朝的存在不容置疑。

（一）禹会村遗址证实了"禹会诸侯于涂山"一说的真实性

2013年12月22日下午，"禹会村遗址与淮河流域文明研讨会"学术成果正式予以公布。

禹会村遗址是淮河中游地区时处龙山文化晚期阶段的重要遗址，中国社会科学院考古研究所历经五年的规模性发掘，取得了丰硕的学术成果。在发掘和研究过程中，该研究领域的专家们给予了高度关注，多次到现场对遗迹现象进行考察和论证，对文化特征进行比较、分析和研究，先期已给遗址定性为"大型礼仪性建筑基址"。

带柱洞的长方形土坑
土坑南北排列长达50多米（西—东摄）

祭祀台基全貌

旗杆柱洞位成直线（南—北摄）

方土台，板筑而成，原来高度不详，现长宽均1米

本次研讨会，来自中国社会科学院考古研究所、历史研究所、中国先秦史学会、北京大学，以及天津、河北、上海、江苏、浙江、山东、河南、湖

北、四川、安徽等地的相关专家60余人，又进行了全面、深入的论证。通过对考古资料和多学科研究，大家对禹会村遗址的遗迹现象、文化特征，并结合文献记载和对涂山地望的考证，得出以下共识。

禹会村遗址的发掘成果，是自《春秋左传》和司马迁以来两千多年考证、研究"禹会诸侯于涂山，执玉帛者万国"之"涂山"地望的最重要的考古学证据，其学术上的说服力是五种"涂山"说中最充分的。禹会村遗址与文献记载的"禹会诸侯"事件密切相关，遗址中所展现的经过精心设计营建、面积达2000平方米的大型而别致的 T 形坛和以祭祀为主的器物组合，以及不同区域的文化特征，大体再现了当时来自不同区域的氏族部落曾在此为实施某项重要任务而举行过大型聚会和祭祀活动。由此烘托出"禹会诸侯于涂山，执玉帛者万国"这一历史事件发生的真实性。

此外，中华文明探源工程在淮河流域的实施给该地区提供了发掘和研究的空间，禹会村遗址所展示的考古成果，在学术上确立了淮河流域（尤其是淮河中游地区）是中华文明起源的重要地区之一，并对黄淮、江淮地区早期文明的发展产生了重要的影响。禹会村龙山文化晚期遗存，为研究该地区社会复杂化进程提供了考古学依据。因此，禹会村遗址的重大发现，为国家形成的探索起到了重要的学术支撑，为"夏商周断代工程"的结论画上了圆满的句号。

（二）西周青铜器"遂公盨"中有关大禹治水的记载

2002年，北京保利艺术博物馆展出了与大禹有关的国宝文物青铜器"遂公盨"。现在，把这段铭文（经李学勤先生标点断句）用通行字抄给大家：

"天命禹敷土，随山濬川，乃差地设征，降民监德，乃自作配享民，成父母。生我王、作臣，厥贵惟德。民好明德，顾在天下。用厥绍好，益干懿德，康亡不懋。孝友，讦明经齐，好祀无废。心好德，婚媾亦惟协。天釐用考，神复用祓禄，永御于宁。遂公曰：民惟克用兹德，亡海。"

西周青铜器"遂公盨"

　　余世诚①先生将这段铭文译成今文，其大意为：上天命大禹布治下土，随山刊木，疏浚河川，以平定水患。随之各地以水土条件为据缴纳贡赋，百姓安居乐业。大禹恩德于民，百姓爱他如同父母。而今上天生我为王，我的子臣们都要像大禹那样，有德于民，并使之愈加完善。对父母要孝敬，兄弟间要和睦，祭祀要隆重，夫妻要和谐。这样天必赐以寿，神必降以福禄，国家长治久安。作为遂国的国公，我号召：大家都要按德行事，切不可轻慢！

　　"遂公盨"的这篇铭文，一反其他青铜器铭文的老套，以大禹功德为范例，写出君臣要为政以德、民众要以德行事的一篇有论有据、有头有尾的政论文章。这不能不让今人折服和震惊！更让人震惊的是，铭文中的观点及言

---

　　① 余世诚：河南省禹州人，中国石油大学教授。

辞竟和七百年后的《尚书》《诗经》等古典文献一致！

经孔子编序的《尚书·禹贡》篇开首即曰："禹敷土，随山刊木，奠高山大川。"意即大禹布治大地，沿大山砍木为记，确定各州名山大河。孔夫子为该篇作序时，也使用了"禹别九州，随山浚川，任土作贡"的语句，说大禹划分九州，疏通江河，依据土地条件规定贡赋。《尚书·益稷》篇更是记述了大禹治水的具体情况，文中再次出现了"随山刊木"字句。关于"德政"，《尚书·大禹谟》篇中记载了禹本人的高见："德惟善政，政在养民。水、火、金、木、土、谷，惟修；正德、利用、厚生、惟和。九功惟叙。"意思是，君主的美德在于搞好政事，政事的根本在于养护百姓。修水利、存火种、炼金属、伐木材、开土地、种五谷，还有抓教育、厚民生、促和谐，这九件事要常常讲。

（三）战国楚简《容成氏》中有关大禹九州治水的记载

战国楚简《容成氏》（局部）

上海博物馆收藏的战国楚简《容成氏》中，不但有九州治水的记载，而且州名不同于其他传世文献。兹用通行字引简文如下：

> 禹亲执耒耜，以陂明都之泽，决九河之阻，于是乎夹州、涂州始可处。禹通淮与沂，东注之海，于是乎竞州、莒州始可处也。禹乃通蒌与易，东注之海，于是乎蓏州始可处也。禹乃通三江五湖，东注之海，于是乎荆州、阳州始可处也。禹乃通伊、洛并瀍、涧，东注之河，于是乎叙州始可处也。禹乃通泾与渭，北注之河，于是乎卢州始可处也。

杜勇[①]先生著文指出：简文中的夹州为《禹贡》所无，然《禹贡》兖州有"九河"，知九河所在的夹州当即《禹贡》的兖州。明都，古泽名，《禹贡》作"孟豬"。叙在豫州，地在今河南商丘东北，与徐州邻近。而《容成氏》另有叙（豫）州，则明都所在的涂州，当属《禹贡》徐州的一部分。竞州、莒州的淮、沂二水，《禹贡》叙在徐州，则竞州、莒州亦当在《禹贡》所言的徐州境内。《职方氏》青州有沂山，而莒地又近沂水，或莒州略当《禹贡》的青州。蓏州亦为《禹贡》所无，所属蒌（滦）水与滹沱相连。《山海经·北次三经》云："滹沱之水出焉，而东流注于滦水。"又《史记·苏秦列传》说："（燕）南有滹沱、易水。"则蒌水、易水所在蓏州当在《禹贡》冀州境内。叙州所在的伊、洛、瀍、涧，《禹贡》属豫州。叙与豫通，《尔雅·释言》："豫，序也。"则叙州即《禹贡》豫州。荆州、阳（扬）州与《禹贡》同名，州域亦略相当。卢州有泾、渭二水，相当于《禹贡》的雍州。可见《容成氏》九州说，虽然州名与《禹贡》多有不同，但其州域合起来仍不出《禹贡》九州（除梁州外）之范围。

此简文中没有提到梁州，那就是《容成氏》特别是九州章，很可能是春秋时期的文本，而《禹贡》九州中有梁州则是战国时期的文本。

---

① 杜勇：天津师范大学历史文化学院教授、博士生导师。

（四）东汉武梁祠画像石有关大禹治水的记载

山东嘉祥县武梁祠东汉石刻古代帝王像

武梁祠东汉石刻夏禹像拓片及复原图

　　武梁祠石刻画像在今山东嘉祥县武翟山（旧称紫云山）下，是东汉末年嘉祥武氏家族墓葬的双阙和四个石祠堂的装饰画。其中以武梁的祠堂为最早，故名。现存画像石四十三块，画像石多用减地阳刻法，雕刻精细，造型生动。画像内容丰富，取材广泛，包括历史人物、历史故事、孝义故事、列女故事、神话传说和各种车马出行、宴筵乐舞、庖厨、水陆攻战、祥瑞灾异等，从不同的角度反映了东汉时期的社会状况、风土人情、典章制度、宗教信仰，不仅是精美的古代石刻艺术品，也是研究东汉时期政治、经济、文化的重要实物资料。

武梁祠建于东汉桓、灵二帝时期，是一位举孝廉而不愿做官的文人武梁所建。将汉代人认同的上古帝王画像刻石并题以文字简介，以期流传后世。武梁祠画像石中的历代帝王像及文字题记，在北宋之前一直不为官方和学界关注，直到宋代文学家、史学家、金石考古学家欧阳修发现后才引起重视。欧阳修将画像石中的华胥氏、伏羲、女娲、少昊、神农、黄帝、颛顼、帝喾、尧、舜、禹、启历代帝王像的文字题记收入《集古录》中，传承后世。其中大禹石刻画像题记"夏禹长于地理，脉泉知阴，随时设防，退为肉刑"尤为珍贵。这些石刻帝王像，成为今天我们能够看到的最早的上古帝王画像。而今更是受到国家的高度重视，得到国家的经费支持而修复。陕西黄帝陵享殿中的黄帝像即是依据武梁祠中的黄帝像复制的。现行小学历史教科书中的大禹像即是依据武梁祠中的大禹像复制的。

（五）东汉《景云碑》中有关大禹治水的记载

三峡考古中发现的《东汉巴郡朐忍令景云碑》（又称《景云碑》），于2004年3月在云阳县旧县坪发掘出土，现存于重庆中国三峡博物馆。2005年5月《中国书法》杂志公布了此碑初拓照片及丛文俊[①]先生考述。2006年4月《四川文物》第1期发表了四川师范大学魏启鹏先生的研究文章《读三峡新出东汉景云碑》。该碑碑文为阴刻隶书，凡13行，每行约30字，全文共367字。碑成于隶书成熟和鼎盛的东汉后期，是近百年来巴蜀出土汉碑中罕见的精品，为巴蜀古史增添了前所未有的新证。根据魏启鹏先生的断句标点，现将碑文抄录于下：

---

　① 丛文俊：吉林大学古籍研究所教授、博士生导师。

东汉《景云碑》

汉巴郡朐忍令广汉景云叔于，以永元十五年季夏仲旬己亥卒。君帝高阳之苗裔，封兹楚熊，氏以国别。高祖龙兴，娄敬画计，迁诸关东豪族英杰，都于咸阳，攘竞（境）蕃衞（卫）。大业既定，镇安海内。

先人伯沇（杍），匪志慷慨，术禹石纽、汶川之会。帷屋甲帐（帐），龟车留遰，家于梓湩（潼），九族布列，裳绕相袭，名右冠盖。

君其始仕，天资明括。典牧二城，朱紫有别。强不凌弱，威不猛害。政化如神，烝民乃厉。州郡竝（并）表，当享苻（符）艾。大命颠覆，中年殂殁。如丧考妣，三载泣怛。遏勿八音，百姓流泪。魂灵既载，农夫恻（恻）结。行路抚涕，织妇喑咽。吏民怀慕，户有祠祭。烟火相望，四时不绝。深野旷泽，哀声忉切。追歌遗风，叹绩亿世。刻石记号，永永不灭。乌呼哀哉，乌呼哀哉！

赞曰：皇灵炳璧，郢令名矣。作民父母，化洽平矣。百工维时，品流刑矣。善劝恶惧，物咸宁矣。三考绌勅（敕），陟幽明矣。振华处实，畅（畅）遐声矣。

重曰：皇灵禀气，卓有纯兮。惟汶降神，挺斯君兮。未升卿尹，中失年兮。流名后载，久而荣兮。勒铭金石，表绩勋兮。冀勉来嗣，示后昆兮！

熹平二年仲春上旬，朐忍令梓潼（潼）雍君讳陟字伯宁，为景君刊斯铭兮。

根据魏启鹏先生的解读论考，该碑的大意如下：

第一段说的是，东汉巴郡朐忍（今重庆市云阳县）县令，为广汉郡（治地梓潼）人景云（字叔于），于永元十五年（103年）季夏卒。楚之景氏乃以地为氏，景氏与熊、屈、昭虽同为高阳之苗裔，然分支已在鲧禹一脉，"祖颛顼而宗禹"，应是禹之后裔，当属姒姓。

第二段说的是，景氏的先祖伯沇（读为杼或予），志向慷慨。遵循大禹在石纽、汶川召集宗族各支盟誓和盟会之训。（在夏代历史上从太康到夏桀，只有伯杼一人被后世公认是遵循大禹治国之道的君主，受到尊重和祭祀）。伯杼在少康中兴后，为遵循"禹石纽、汶川之会"的遗训，曾甲帐龟车，前往蜀中巡狩，瞻仰祭奠祖宗出生地。此时，包括景氏祖辈在内的鲧禹后人，九族迁徙，"家于梓潼"。九族子孙全套礼服，世代隆重祭祀先祖，让伯禹、伯杼的英名保佑夏后氏族裔绵延宏大，世为官宦。

第三段是说，景云为朐忍县令，政声显赫，百姓拥戴，贤才尚未大展却中年早逝，未能晋升到二千石官阶。

第四段是说，先祖的光辉照耀景云成名，景云美好的声誉，盛传四方，不愧有汶山郡所降神禹的遗风。

第五段是说，熹平二年（173年）仲春上旬，朐忍县令梓潼人雍陟（字伯宁），为景云立碑刊铭。此时，梓潼为广汉郡属县（郡治已迁离），同为老乡，所以雍陟要为景云树碑立传，彰显声名。

东汉《景云碑》，为我们今天研究巴蜀古史提供了以下新证：

其一，提供了古蜀国与中原夏王朝紧密联系的新证。传世典籍中除了夏桀伐岷山而娶琬、琰二女（传为妹喜，即最早的雅女）之外，几乎是一片空白。大禹率族人向东发展之后，禹乡旧地如何，景云碑记述了禹后七世王、少康之子伯杼在少康中兴后，曾按照夏王的礼制，带着悬有龟蛇之旗的车骑仪仗队伍，向往蜀中巡狩、瞻仰祭奠祖宗出生地的史实。

其二，提供了大禹在石纽、汶川两地召集宗族各支举行盟誓和盟会的新证。碑文记述的石纽、汶川两个地名，东汉时均不是县名，而是小地名，分属汶山郡广柔县和绵虒县。西汉扬雄《蜀王本纪》、三国蜀汉谯周《蜀本纪》、西晋陈寿《三国志·蜀书》、晋代常璩《华阳国志·蜀志》中均无汶川县之称谓，却均有禹生石纽的记载。今北川县禹里乡石纽山"因有两块巨石，石尖纽为一曰石纽"。"石纽"二字为阳刻汉篆，传为扬雄所题。此外今汶川县、茂县、理县也有石纽山及题刻，盖因汉时同属汶山郡广柔县。但这三县的石纽山均无《四川通志》所载"因有两块巨石，石尖纽结为一"的奇观，其"石纽山"题刻均为楷书或行书，且年代较近。今北川县禹里乡石纽山下的白草河与青片河汇合处尚有大禹治水告别家乡父老举行治水盟誓的誓水柱遗址及石刻拓片。誓水柱有禹书虫篆体十二字，宋《淳化阁帖》释为："出令聂子星纪齐春其尚节化。"其义深奥难懂，当为大禹治水出发时的誓言。另外，大禹"岷山导江"时，在汶川召集宗族各支亦举行过盟会。因此，景云碑才有"术禹石纽、汶川之会"的记述。

其三，提供了北川县禹里乡禹穴沟内"一线天"绝壁上虫篆体石刻"禹穴"二字来源的新证。《四川通志》说是"为大禹所书"，现在根据景云碑的记述，是可以相信的，也不排除为禹后七世王伯杼巡狩回蜀拜访大禹出生地禹穴沟时所书。

其四，提供了今北川县坝底乡、梓潼县、三台县景福乡等地景氏家族均来源于伯杼宗族的新证。《蜀典·禹伐尼陈山梓》记载："蜀记：夏禹欲造独木舟，知梓潼县尼陈山有梓，径一丈二寸，令匠者伐之。树神为童子，不服，禹责而伐之。"伯杼令九族迁徙，"家于梓潼"，正是为了继承大禹治水兴国为民的遗志。

其五，提供了古蜀国通往夏王朝交通要道的新证。《尚书·禹贡》记载：“华阳黑水惟梁州。岷嶓既艺，沱潜既道。蔡蒙旅平，和夷底绩。……西倾因桓是来，浮于潜，逾于沔，入于渭，乱于河。”现代考古发掘证明，从宝鸡北首岭、广元营盘梁、绵阳边堆山到广汉三星堆，早在5000多年前，即已形成了从中原到蜀中的入蜀之道。夏代蜀中的贡品正是从广汉三星堆，经绵阳边堆山、广元营盘梁，经沔水上溯，翻过秦岭，入渭水，转黄河，运往夏都。而禹后七世王伯杼在距今3800多年前，正是经现在的宝鸡、广元、梓潼、绵阳到北川禹里朝拜禹生圣地的。

（原载四川省大禹研究会、四川省社科院禹羌文化研究所内刊《大禹文化》2017年第1期）

三、对《岣嵝碑》的新认识

大禹治水，千古史话，全世界华人代代相传。对记载大禹治水之事的《岣嵝碑》自南宋发现以来，信者居多，疑者亦有。通过多年研究，我们对《岣嵝碑》有了新的认识，奉献于此，求教方家。

（一）《岣嵝碑》的来历

1. 史料依据

西汉东方朔《海内十洲记》："昔禹治洪水既毕，乃乘跷车，度（渡）弱水，而到此山（钟山），祠上帝于北阿，归大功于九天。又禹经诸侯五岳，使工刻石，识其里数高下，其字蝌蚪书，非汉人所书。不但刻剧五岳，诸名山亦然。"

东汉赵晔《吴越春秋·越王无余外传》："禹伤父功不成，乃劳力焦思行，七年闻乐不听，过门不入……功未及成，愁然沉思，乃案黄帝中经，历盖圣人所记曰：在于九山东南天柱，号曰宛委……禹乃东巡，登衡岳，血白马以祭，不幸所求。禹乃登山，仰天而啸。因梦见赤绣衣男子，自称玄夷苍水使者，闻帝使命于斯，故来候之……于是周行宇内，东造绝迹，西延六邑，脉地理，名金石。"

西晋罗含《湘中记》："岣嵝山有玉牒，禹按其文以治水，上有禹碑。"

北魏郦道元《水经注》："禹治洪水，血马祭衡山，于是得金简玉字之书。"

南朝徐灵期《南岳记》："夏禹导水通渎，刻石书名山之高……云密峰有禹治水碑，皆蝌蚪文字。"

南朝盛弘之《荆州记》："南岳周回数百里，昔禹登而祭之。"

2. 依据史料形成的《岣嵝碑》故事

在四千多年前，禹率众治水，已历七年尚无大成效。到了湖南衡山，梦见一位身着绣服的男子，自言他是水神。他对禹说，在祝融峰的山洞里，有金简玉书，看了可知水脉。于是这年秋天，禹登上祝融峰（也称宛委峰、云密峰），凿石得书，有了治水之法。禹治水成功后，又将书藏回原处，用石盖住洞口。此即是藏书之"禹穴"。禹把治水之事刻于石碑之上，立于岣嵝峰上，故此碑称"岣嵝碑"。因碑为禹所建，故又称"禹碑"或"禹王碑"。

到了唐代，文学家韩愈听说岣嵝峰上有《禹碑》，曾去寻找而未得见，就据听说的形状写下了七言诗《岣嵝山》："岣嵝山尖神禹碑，字青石赤形模奇。科斗拳身薤倒披，鸾飘凤泊拿虎螭。"后来，诗人刘禹锡去寻《岣嵝碑》，也未见到，写下了五言诗《寄吕衡州》："尝闻祝融峰，上有神禹铭。古石琅玕姿，秘文螭虎形。"

3.《岣嵝碑》的发现

据南宋《游宦纪闻》记载，南宋宁宗嘉定五年（1212年），四川宜宾人何致游览衡山。在樵夫的引领下，找到了《岣嵝碑》，他将碑文临摹下来，献给长沙转运史曹彦约。曹又派人去找，仍未找到，就将何致献的碑文刻于长沙岳麓山之石上。后又被土掩埋，直到明朝才被揭示。嘉靖年间，长沙太守潘益发现，"别土拓传"。明万历年间，湖广提督学副使管大勋又将长沙岳麓山的《岣嵝碑》翻刻后安放在衡阳石鼓书院。此碑跋文中有："右帝禹刻南岳……何致"等字可识。

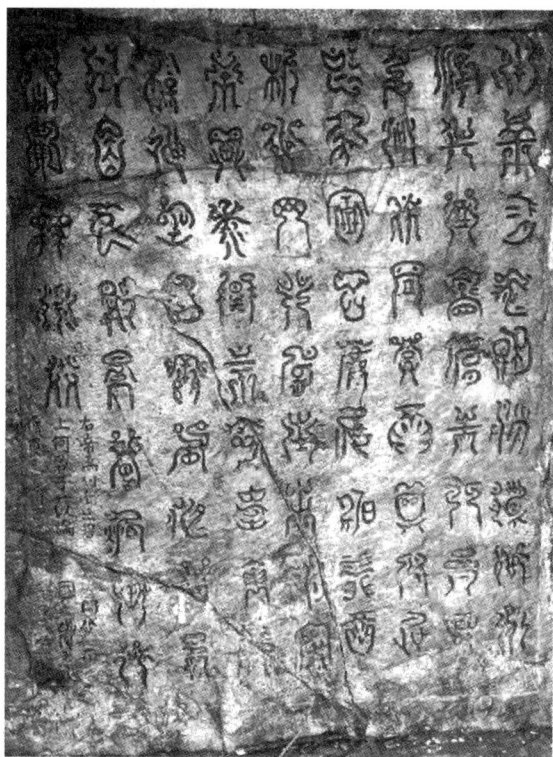

长沙岳麓山《岣嵝碑》碑文

（二）《岣嵝碑》的传播

1. 明嘉靖云南翻刻的《岣嵝碑》

明嘉靖湖广兵备道张素（云南安宁人），在长沙岳麓山发现由南宋何致临摹、曹彦约翻刻的《岣嵝碑》后，首先摹拓保存。在荣升四川巡抚后，曹彦约将摹本带到了成都。嘉靖十五年（1536年）张素致仕归里后，携摹本请教于谪居云南的杨慎（正德状元、大才子）。

杨慎经过认真研究，认为《岣嵝碑》就是《禹碑》，并写了释文。嘉靖丁酉（1537年），张素与杨慎将摹本翻刻于安宁法华寺石壁上（今藏于弘圣寺内），左下方刻有杨慎释文和张素的跋文。跋文中有"衡山禹碑始见于湘中记云"等句，落款有"嘉靖丁酉"等字。

杨慎释文：

> 承帝曰咨，翼辅佐卿。洲渚与登，鸟兽之门。参身洪流，而明发尔兴。久旅忘家，宿岳麓庭。知营形折，心罔弗辰。往求平定，华岳泰衡。宗疏事衰，劳余神禋。郁塞昏徙，南渎衍亨。衣制食备，万国其宁，窜舞永奔。

《岣嵝碑》的白话译文大意为：帝尧时期，洪水泛滥，淹没田地，道路不通，高地形成洲岛，到处鸟兽出没，与人争食，乃命臣（禹）治理洪水。臣属常年在外，数过家门而不归，每天奔波，住宿在崇山峻岭间，劳神劳力，终使滔滔洪水引入东海，万民得以繁衍生息，安居乐业，丰衣足食，天下太平，黎民欢舞，奔向未来。

云南安宁市法华寺所藏《岣嵝碑》摹本

杨慎离开安宁后，又在大理、永昌（今保山）翻刻了《岣嵝碑》及释文，还把释文收入他的《金石古文》一书中。

今云南安宁市法华寺所藏《岣嵝碑》摹本，推断为近代所为，系民国二十八年从日本收得，由日本寄回。

2. 明嘉靖浙江绍兴翻刻的《岣嵝碑》

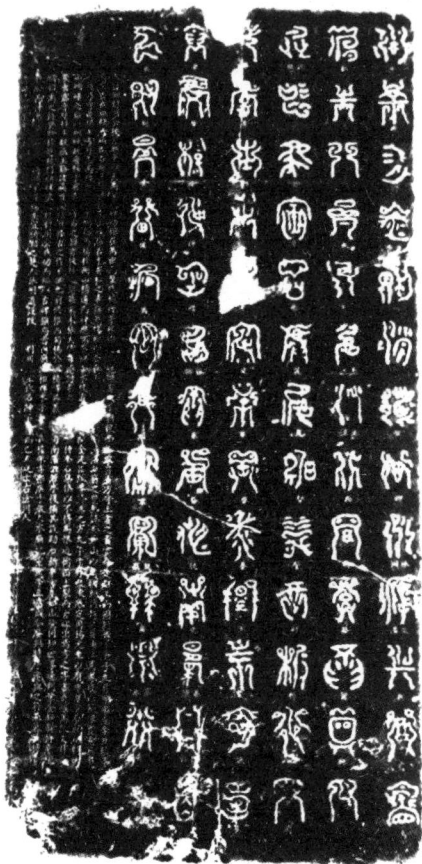

明嘉靖时浙江绍兴翻刻的《岣嵝碑》

明嘉靖二十一年（1542年）冬，浙江绍兴知府张明道，按湖南长沙岳麓山《岣嵝碑》摹本翻刻成碑，立于禹陵庙前院，上覆石亭，并做石栏保护。

碑文共6行，前5行各13字，最后1行为12字，共77字，每字下方均有释文一二。此碑释文与杨慎释文相同。此碑右侧跋文较长，其落款处"楚人张明道谨致……嘉靖二十一年"清晰可见。

清乾隆年间，绍兴官府又将石泉（今四川北川）之"禹穴"与"石纽"拓片一并刻碑，立于禹陵庙内，以此增辉。

3. 明嘉靖四川石泉翻刻的《岣嵝碑》

今北川禹里镇的《岣嵝碑》，为明代嘉靖庚申（1560年）周宗任石泉军守备时，培修禹庙，效禹"以德化戎"之法，拜访了当时主持钟阳书院的绵州名士高简。高简将自己珍藏的《岣嵝碑》摹本授给周宗。周宗在禹庙内翻刻了《岣嵝碑》，立于亭内保护。碑上镌刻27平方厘米蝌蚪文77字，共分6行，前5行各13字，最后1行为12字。在每个蝌蚪文的右边，刻高简的9平方厘米的楷书释文，碑的左边刻了高简的跋文：

成都玉泉周君宗备戎石泉，过钟阳书院曰：将建禹王庙，欲求岣嵝碑刻之而未得。予取□山所藏授之。□石泉石纽山，禹产地也。今□□边围乃为之庙，可谓有志于古矣。昔禹班师振旅，三旬，有苗来格。周君之意，岂非欲修文德以化戎，而为庙貌乎哉。又因为石纽之灵以为志。思焉。其亦异诸人矣。然禹之迹犹未彰，今得禹碑而神圣书法，蝌蚪古文宛然在目。夫书也者，心之彰也。神明变化，于是乎不可掩矣。昔之人求之千载而不可见者，每用悼惜。乃周君一朝而获之。遂刻之，以壮石纽之灵，岂非兹山之奇遇。予嘉周君之志。爰释其文于前，而书此以为石泉感事云。国皇明嘉靖庚申七月朔日，前进士及第文选郎中绵州大霍山人高简顿首志。巡视石泉利州卫千户赵勋臣刻石。

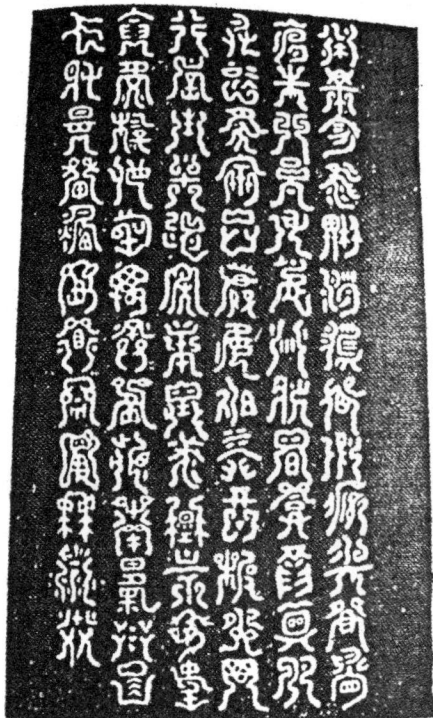

明嘉靖时四川石泉翻刻的《岣嵝碑》

据民国二十一年《北川县志》记载，《岣嵝碑》上高简释文与杨慎释文完全相同，不知是引用杨慎的释文，还是异曲同工、不谋而合，但从高简的跋文来看，似乎与杨慎无关。

此外，明万历年间《岣嵝碑》翻刻于河南汲县（今河南卫辉），明万历三十二年（1604年）翻刻于南京栖霞山天开岩侧。

4. 清康熙时翻刻的《岣嵝碑》

清康熙初年，又有人将衡阳石鼓书院的《岣嵝碑》翻刻于衡山岣嵝峰和岳麓山上，即是现在岣嵝峰上和岳麓山上的《禹碑》。

衡山岣嵝峰上的《禹碑》

岳麓山顶的《禹王碑》

　　清康熙时毛会建将《岣嵝碑》翻刻于汉口大别山（今武汉晴川阁）和西安碑林。

武汉晴川阁的《岣嵝碑》

西安碑林内的《岣嵝碑》

西安碑林内的《岣嵝碑》左下方刻有楷体跋文：

> 禹碑为大禹所纪治水之事，原在衡山岣嵝峰，古来未有见者。韩昌黎"字青石赤形模奇""科斗拳身薤倒披"之句，特述道古语耳。自何贤良为樵者所导，攀崖越涧得辄碎历摩之，刻于岳麓山，其文始传。字大石广，又皆驳沥，难以拓取。好古者悬梯上勉为钩填，而彼此异同，意向得失。建尝亲旨碑所，手自摹之。复参考世本，从同同者刻于大别山，流传浙广。今观西安学宫，碑碣多种，而秦汉以上缺焉。固再刻此，俾天下咸德，大禹遗文为金石之冠。其释文有三家：杨慎全从注于中；沈镒注于右；杨廷注于左。大同小异并存，以俟博雅君子重加赏识云。康熙丙午秋日昆陵毛会建谨识。

此外，江西庐山紫霄峰、陕西韩城等地也翻刻了《岣嵝碑》，可见传播之广，影响之大。

（三）《岣嵝碑》的内容为大禹所书

根据历史文献记载和出土文物佐证，我们在此提出以下三条依据：

1. 大禹时代已有文字

在中国历史上，早就有伏羲氏画八卦、仓颉造字、夏禹建学等传说。《海内十洲记》说："昔禹治洪水既毕，乃乘蹻车，度（渡）弱水，而到此山（钟山），祠上帝于北阿，归大功于九天。又禹经诸侯五岳，使工刻石，识其里数高下，其字蝌蚪书，非汉人所书。不但刻劕五岳，诸名山亦然。"近几十年来，考古学家在黄河和淮河中下游发掘出夏墟和夏代文物颇多，如河南登封发现了禹都阳城遗址、山西夏县发现了禹王城遗址、安徽蚌埠发现了"禹会诸侯于涂山"的禹会村遗址。尤其是山西襄汾县陶寺遗址（尧都）发现了比甲骨文还早得多的陶文"文""命"二字（禹名"文命"），从而证实了该陶文即是"夏文字"。而禹时尚无文字之说则被推翻。至于《岣嵝碑》是否真为大禹所书，有待专家学者进一步探索。

2.《岣嵝碑》字体为蝌蚪文，与孔子藏书于"鲁壁"之《书》上的蝌蚪文有传承关系

宋代文学家、史学家、金石学家欧阳修，在其所著的《崇文总目叙释》一卷"书类"中指出："至武帝时，孔惠之《书》始出屋壁，百篇皆在，而半已磨灭，又蝌蚪文字。惠孙安国以隶古定之，得五十八篇，为之作传，号《古文尚书》。"由此可见，孔子当年藏于"鲁壁"之《书》经，是用蝌蚪文字写的。因而古代学者认为蝌蚪文是禹篆，是夏朝通用的文字，甲骨文、金文、秦篆皆是由此衍变而来的。《书小史》说："禹因九牧贡金，铸鼎象物，故作钟鼎书，象钟鼎篆。"《墨薮·五十六种书》说："夏后氏象钟鼎形为篆，作钟鼎书。"《息园存稿》说："禹精于治水，今篆体皆有流水形。"

关于禹篆，古代学者亦有说法。《路史》引《述异记》："空同山有尧碑禹碣，《淳化阁帖》有禹篆二十六字，《舆地志》云江西紫霄峰下石室中有禹刻篆文七十余字……又云夏禹撰真灵之要……尽立五岳名山形，撰灵宝文。是则禹书嗤在名山者最夥，今所见仅此，虽已再模，亦可宝贵。"

3.《岣嵝碑》的内容为大禹所记治水之事，与《尚书·益稷》中的两段话意思相近

其一：禹曰：洪水滔天，浩浩怀山襄陵，下民昏垫。予乘四载，随山刊木，暨益奏庶鲜食。予决九川，距四海，浚畎浍，距川。暨稷播，奏庶艰食鲜食。懋迁有无化居。蒸民乃粒，万邦作乂。

其二：禹曰：予创若时，娶于涂山，辛壬癸甲。启呱呱而泣，予弗子，惟荒度土功。弼成五服，至于五千。州有十二师。外薄四海，咸建五长，各迪有功，苗顽弗即工，帝其念哉。

这两段话是大禹治水成功后向舜帝作的述职报告，与《岣嵝碑》的意思非常相近。例如，《岣嵝碑》的"洲渚与登，鸟兽之门。参身洪流，而明发尔兴"，与《尚书·益稷》的"洪水滔天，浩浩怀山襄陵，下民昏垫。……予决九川，距四海，浚畎浍，距川"意思完全一致。又如，《岣嵝碑》的"久旅忘家……往求平定"与《尚书·益稷》的"予弗子，惟荒度土功……外薄四海，咸建五长"意思完全一致。再如，《岣嵝碑》的"衣制食备，万国其宁"与《尚书·益稷》的"蒸民乃粒，万邦作乂"意思完全一致。

　　综上所述，经过两千多年来的史料传承和文化认同，我们认为，《岣嵝碑》并非后人臆造，而是可信的文献。然而更为巧合的是，最先发现《岣嵝碑》的是南宋四川宜宾人何致，最先破译《岣嵝碑》的是明代四川新都人杨慎，与杨慎释文相同的又是四川绵州人高简，可见蜀人对大禹之崇拜，不愧是大禹故乡之人。

　　（原载四川省大禹研究会、四川省社科院禹羌文化研究所内刊《大禹文化》2016年第2期）

四、夏商周断代工程1996—2000年阶段成果报告（节录）

（一）夏商周断代工程的标志性成果

在夏商周断代工程实施过程中，在许多问题上取得了新的进展，作为标志性成果的，有下列12项：

1. 在我国历史时代测年中，采用系列考古样品^{14}C测年的方法，使误差缩小，获得成功，在断代工程中发挥了重要作用。

2. ^{14}C测年样品的制备质量稳定，骨质样品的提纯方法可靠。常规法测试精度达到0.3%；AMS法测试精度达到0.5%，并首次对系列的有字卜骨进行AMS法测年。

3. 沣西H18的发现与测年，为商周分界确定了范围。琉璃河H108"成周"卜甲的发现与测年，琉璃河M1193、晋侯墓地M8的研究与测年，晋侯苏钟的研究，以及有关遗址的分期和系统测年等，为建立西周年代学体系，提供了重要依据。

4. 以严格的考古类型学方法，排定"四要素"俱全的西周青铜器顺序，为金文历谱研究奠定基础。通过对吴虎鼎等关键青铜器的断代研究，推定西周诸王年代，并证明共和以下历谱可信。

5. 对1997年3月9日新疆北部的日全食进行观测，从理论和实践上证明黎明时的大食分日食会形成天再旦现象，并确认"懿王元年天再旦"时间在公元前899年4月21日。

6. 根据天文推算、文献和金文历日研究、考古与¹⁴C测年的综合研究，选定公元前1046年为武王克商年。

7. 采用黄组周祭卜辞三系统说，排定商王帝辛的祀谱，经与商末历日比对研究，推定帝辛年代。

8. 排除"三焰食日"为日食的可能性。结合甲骨分期研究与宾组卜辞五次月食的证认，推定了商王武丁的年代。

9. 安阳洹北商城遗址的发现，在商文化考古学上有重大意义。

10. 确认郑州商城和偃师商城的始建为夏商分界的界标。

11. 对仲康日食的已有研究成果做出总结，并进行新的研究和推算。

12. 在自然科学与人文社会科学相结合、多学科交叉研究途径上做出探索，并积累了一定经验。

（二）队伍建设、人才培养与社会影响

夏商周断代工程团结了多学科的200余位专家协作攻关，既集中了老专家的学识经验，也发挥了中青年专家的作用，并吸引了一批研究生走上跨学科研究的道路，有力地推动了学科发展和复合型人才培养。

在领导小组的直接关心和教育部、人事部的大力支持下，夏商周断代工程利用北京大学、南开大学、中国社会科学院、中国科学院自然科学史研究所等现有的博士学位点和博士后流动站，招收了6名博士后、6名博士和4名硕士研究生，进行跨学科联合培养。他们结合有关专题参加攻关研究，取得了优异成绩。

1998年暑期，与教育部高师培训交流北京中心联合举办了"夏商周断代工程与中国古代文明的探索"高级研讨班，有来自各地的64位专业人员及博士生参加。北京大学举办了"夏商周断代工程系列讲座"，吸引了许多学科的师生。北京师范大学配合夏商周断代工程举办讲习班，系统讲授，累计授课180小时，报名听课的师生和留学生逾百人。

夏商周断代工程的实施在国内外引起了强烈反响，项目办公室收到全国各地专业和非专业人员的大量函件、文稿或建议，不少人还在报刊上发表了有关夏商周年代问题的论文。在由524位两院院士投票推选的"1999年中国十大科技进展"中，"我国提出夏商周三代纪年"居于第五，充分体现了社会各界对夏商周断代工程的关注和支持。

（三）夏商周断代工程的延续和发展

经过近四年的努力，夏商周断代工程的既定目标已经基本达到，各课题组都已取得阶段性成果。少数专题因工作量太大，仍在继续进行，成果的某些方面尚需补充、完善。

夏商周断代工程的实施，也引申出了许多新的研究课题。有关各方一致认为，应该循此前进，汇合更多的学科，采用更多的科技手段，对中华文明的起源及其早期发展作系统深入的研究，为揭示人类文明的演进规律，做出更大的学术贡献。

（四）夏商周年表

朝代	王	年代（公元前）	年数
夏	禹		
	启		
	太康		
	仲康		
	相		
	少康		
	予		
	槐		
	芒		

朝代	王	年代（公元前）	年数
夏	泄	2070—1600	471
	不降		
	扃		
	廑		
	孔甲		
	皋		
	发		
	癸（桀）		
商前期	汤	1600—1300	301
	太丁		
	外丙		
	中壬		
	太甲		
	沃丁		
	太庚		
	小甲		
	雍己		
	太戊		
	中丁		
	外壬		
	河亶甲		
	祖乙		
	祖辛		
	沃甲		
	祖丁		
	南庚		
	阳甲		
	盘庚（迁殷前）		

朝代	王	年代（公元前）	年数
商后期	盘庚（迁殷后）	1300—1251	50
	小辛		
	小乙		
	武丁	1250—1192	59
	祖庚	1191—1148	44
	祖甲		
	廪辛		
	康丁		
	武乙	1147—1113	35
	文丁	1112—1102	11
	帝乙	1101—1076	26
	帝辛（纣）	1075—1046	30
西周	武王	1046—1043	4
	成王	1042—1021	22
	康王	1020—996	25
	昭王	995—977	19
	穆王	976—922	55（共王当年改元）
	共王	922—900	23
	懿王	899—892	8
	孝王	891—886	6
	夷王	885—878	8
	厉王	877—841	37（共和当年改元）
	共和	841—828	14
	宣王	827—782	46
	幽王	781—771	11

（原载中国先秦史学会内刊《先秦史研究动态》2018年第1期）

五、中华文明探源成果公布：
考古实证中华5000年文明非神话

今天（2018年5月28日）上午，国新办召开新闻发布会公布"中华文明探源工程"研究成果，探源研究通过对众多遗址开展的大规模考古研究，以丰富的考古资料，实证了中华大地5000年文明。

1. 2001年正式提出　考古实证5000年文明

"中华文明起源与早期发展综合研究"项目，简称"中华文明探源工程"，2001年正式提出，其间通过对浙江良渚、山西陶寺、陕西石峁等众多遗址开展大规模考古发掘，以丰富的考古资料实证了中华大地5000年文明。

国家文物局副局长关强：探源工程的研究团队认为，距今5800年前后，黄河、长江中下游以及西辽河等区域出现了文明起源迹象；距今5300年以来，中华大地各地区陆续进入了文明阶段；距今3800年前后，中原地区形成了更为成熟的文明形态，并向四方辐射文化影响力，成为中华文明总进程的核心与引领者。

2. 多元一体格局形成　取得总体认识

中华文明探源项目取得的另一项重大成果，是对中华文明多元一体格局的形成有了总体认识，并实证了中华文明"多元一体、兼容并蓄、绵延不断"的总体特征。

关强：研究表明，多元一体文化现象背后的各地方社会，在其文明起源和早期发展阶段，在各自的环境基础、经济内容、社会运作机制以及宗教和社会意识等方面，也存在各种各样的差别，呈现出多元的格局，并在长期交流互动中相互促进、取长补短、兼收并蓄，最终融汇凝聚出以二里头文化为代表的文明核心，开启了夏商周三代文明。中华文明的起源和早期发展是一个多元一体的过程。

3. 中华文明自身发展　广泛吸收外来文明

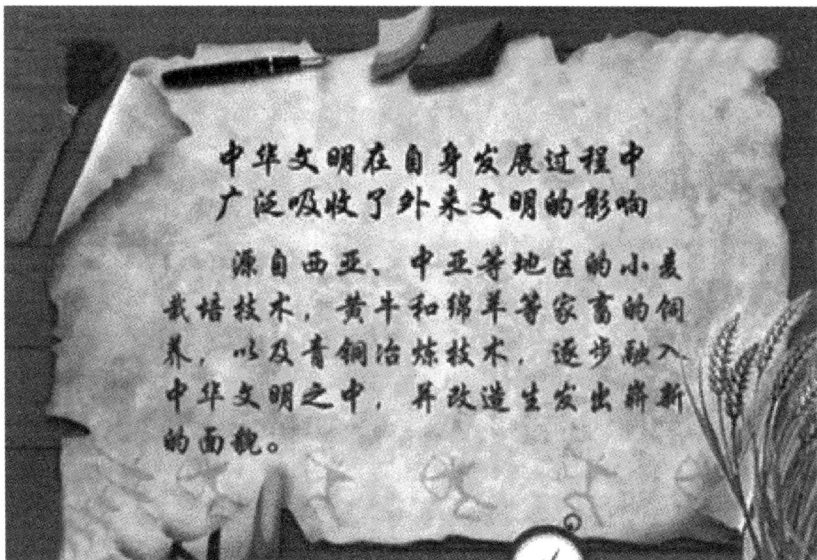

中华文明广泛吸收了外来文明

在外来文明影响方面，探源研究认为，中华文明在自身发展过程中，广泛吸收了外来文明的影响。比如，源自西亚、中亚等地区的小麦栽培技术，黄牛和绵羊等家畜的饲养，以及青铜冶炼技术逐步融入中华文明之中，并改造生发出崭新的面貌。

4. 寻中国之始　写五千年"家谱"

"中华文明探源工程"是继"夏商周断代工程"之后，又一项由国家支持的多学科结合、研究中国历史与古代文化的重大科研项目。从2001年正式提出至今，已经实施了4个阶段的研究工作，一个中国之前的"中国"，逐渐清晰起来。

5. 重点关注都邑性遗址　当时已现早期国家

探源研究中，重点关注了浙江良渚、山西陶寺、陕西石峁等几处都邑性遗址。

浙江良渚遗址

浙江良渚遗址，发现了建于距今约5000年前，长1800米、宽1500米，面积近300万平方米的内城和面积达800万平方米的外城。为防止遭洪水侵害，还堆砌了长3.5公里、宽十几米、高数米的大型水坝。其工程量在全世界同时期的建筑中是首屈一指的。

山西陶寺遗址模拟动画

山西陶寺遗址，同样发现了修建于距今约4300年前的巨型城址，280万平方米的城内已有宫殿区、手工业作坊区、一般居民区和墓葬区等严格的功能分区。

陕西石峁古城总面积达400万平方米，则由皇城、内城和外城构成。古城是用石块在丘陵之上垒筑而成，皇城的城墙高达9米，外城的城门建有雄伟高大的垛楼。

中华文明起源与早期发展综合研究项目执行组组长之一王巍：各地区都开始出现了初期的文明，它的标志就是王权的出现。大的城址、高等级的建筑，所谓的宫殿、高等级的墓葬，这样几点是判断文明的重要的标志。最终是国家的出现，国家的出现会有一些物质的体现，如大的城址、大的工程。

6. 寻中国之始　古国时代超千年

探源研究发现，中国文明实为散布在黄河、长江和西辽河流域的许多地方文明构成的一个巨大丛体，体量远超世界上其他几个古代文明。从距今约

5800年起，黄河流域、长江流域以及西辽河地区的史前社会开始了向复杂化的加速度发展。

从中华文明起源至距今大约3800年，长达1000多年里，文献传说有许多这一时期"天下万国"的说法，探源研究将这个阶段叫作"古国时代"，认为这是中国文明早期发展的第一个大的阶段。

7. 多元一体：奠三代之基　成历史趋势

在这1000多年里，各地方文明分别有自己的演进方式、特点，此起彼伏、此消彼长，又彼此交流竞争、取长补短，逐渐显现出"一体化"趋势，汇成中国文明的洪流，并在古国时代晚期，以河南二里头为代表的中原地区，大量吸收各种外来的先进文化因素，同时开始对外辐射其强大的影响，呈现出一种前所未有的王朝气象。

这一过程在探源研究中被称为"中国文明的多元一体"，作为一种历史趋势，奠定了日后夏商周"三代文明"的基础，也成为多民族国家形成的远因和源头。

王巍：我们大家都对中华五千年文明耳熟能详，但是实际上究竟有多少历史根据，究竟是真实的还是神话传说，对于中华民族来讲是非常重大的问题，我们这个研究通过考古发现和多学科结合把距今5000多年的文明证实了，这在世界文明研究当中也是有重要意义的。

8. 凌家滩遗址　多元一体文明"缩影"

在探源研究的众多遗址中，安徽凌家滩遗址在年代上相对要早，5000多年前中华文明发生了较大的变化，凌家滩位于最早的节点之一。它的玉器制作工艺达到当时的最高峰，一条2000多米长的宽大壕沟，将生活区和墓葬区分割开来，反映了先民的"规划智慧"。

凌家滩遗址位于安徽含山县铜闸镇凌家滩自然村，自1987年发掘以来，已经出土大量精美的玉器、石器、陶器等文物，其中玉器尤为突出：出土的一件玉龙，与汉代以后的玉龙基本上相似；6件玉人，面部表情严肃，双手很庄重地举起来，像是在祈祷一样；到目前为止遗址出土的一件玉鹰，也是全国唯一一件，两面雕刻，正反两面完全一样，制作工艺十分高超。这些玉器表达着远古先民对神、巫、图腾的崇拜。目前已发现斧头形状的玉钺30多件。出土玉、石钺的墓葬，经常有一件比较大，位置摆放也很特殊，位于人体胸部或脸部。专家介绍，钺通常与军权或王权相关。

中华文明起源与早期发展综合研究项目凌家滩子项目负责人朔知：凌家滩玉石器的工艺已经达到当时的最高峰，可能是处于中国玉文化发展的创新时期，所以它的数量、种类都挺多的，不像良渚玉琮、玉璧完全都是一模一样的。这个最高峰不是平白无故出现的，肯定会有社会组织方面的巨大变化。

考古专家认为，制作工艺高超的玉器，就需要一批脱离或半脱离农业劳动的专门玉工，类似于手工业从农业中脱离出来，反映着当时社会的重大变革。

近年来，考古人员通过对140万平方米的凌家滩遗址深入发掘研究，一条2000多米长的壕沟日渐呈现在今人的眼前。它反映着凌家滩先民5300多年前就已有的"规划智慧"。

朔知：有二三十米宽，最深的地方能达到六七米，这么一个大的工程，需要有相当的组织能力来进行协调。它还有一个更重要的作用，贵族墓地是在壕沟的外边，这个壕沟里边是当时活人生活的地方，它把当时人的生活区跟墓葬区分隔开来了。

考古专家介绍，凌家滩遗址鼎盛时期为距今5500年至5300年。在此之前它并不显眼，与目前已知的周围20多个遗址均为小聚落。此后那些聚落慢慢消失或衰落，位置相对居中的凌家滩最终演变成为当时长江中下游地区面积最大、最发达的区域中心。

（央视网　原载2018年5月28日）

六、《竹书纪年·卷二》

帝禹夏后氏

母曰修己，出行，见流星贯昴，梦接意感，既而吞神珠。修己背剖，而生禹于石纽，虎鼻大口，两耳参镂，首戴钩钤，胸有玉斗，足文履已，故名文命。长有圣德。长九尺九寸。梦自洗于河，取水饮之。又有白狐九尾之瑞。当尧之世，舜举之。禹观于河，有长人白面鱼身，出曰："吾河精也。"呼禹曰："文命治水。"言讫，授禹《河图》，言治水之事，乃退入于渊。禹治水既毕，天锡玄圭，以告成功。夏道将兴，草木畅茂，青龙止于郊，祝融之神降于崇山。乃受舜禅，即天子之位。洛出龟书，是为《洪范》。三年丧毕，都于阳城。

元年壬子，帝即位，居冀。

颁夏时于邦国。

二年，咎陶薨。

五年，巡狩，会诸侯于涂山。

南巡狩，济江，中流有二黄龙负舟，舟人皆惧。禹笑曰："吾受命于天，屈力以养人。生，性也；死，命也。奚忧龙哉。"龙于是曳尾而逝。

八年春，会诸侯于会稽，杀防风氏。

夏六月，雨金于夏邑。

秋八月，帝陟于会稽。

禹立四十五年。

禹荐益于天。七年，禹崩。三年丧毕，天下归启。

七、《史记·夏本纪》

　　夏禹，名曰文命。禹之父曰鲧，鲧之父曰帝颛顼，颛顼之父曰昌意，昌意之父曰黄帝。禹者，黄帝之玄孙而帝颛顼之孙也。禹之曾大父①昌意及父鲧皆不得在帝位，为人臣。

　　当帝尧之时，鸿水滔天，浩浩怀山襄陵，下民②其忧。尧求能治水者，群臣四岳皆曰鲧可。尧曰："鲧为人负命毁族，不可。"四岳曰："等之未有贤于鲧者，愿帝试之。"于是尧听四岳，用鲧治水。九年而水不息，功用不成。

　　于是帝尧乃求人，更得舜。舜登用，摄行天子之政，巡狩。行视鲧之治水无状，乃殛鲧于羽山以死。天下皆以舜之诛为是。于是舜举鲧子禹，而使续鲧之业。

　　尧崩，帝舜问四岳曰："有能成美尧之事者使居官？"皆曰："伯禹为司空，可成美尧之功。"舜曰："嗟，然！"命禹："女平水土，维是勉之。"禹拜稽首，让于契、后稷、皋陶。舜曰："女其往视尔事矣。"

　　禹为人敏给③克勤④；其德不违，其仁可亲，其言可信；声为律，身为

---

① 曾大父：曾祖父。

② 下民：百姓，人民。

③ 敏给：敏捷。

④ 克勤：勤劳。

度，称以出；亹亹穆穆①，为纲为纪。

禹乃遂与益、后稷奉帝命，命诸侯百姓兴人徒以傅土，行山表木②，定高山大川。禹伤先人父鲧功之不成受诛，乃劳身焦思，居外十三年，过家门不敢入。薄衣食，致孝于鬼神。卑宫室，致费于沟淢③。陆行乘车，水行乘船，泥行乘橇④，山行乘檋。左准绳，右规矩，载四时，以开九州，通九道，陂九泽，度九山。令益予众庶稻，可种卑湿。命后稷予众庶难得之食。食少，调有馀相给，以均诸侯。禹乃行相地宜所有以贡，及山川之便利。

禹行自冀州始。冀州：既载壶口，治梁及岐。既修太原，至于岳阳。覃怀致功，至于衡漳。其土白壤。赋上上错，田中中。常、卫既从，大陆既为。鸟夷皮服，夹右碣石入于河。

济、河维沇州：九河既道，雷夏⑤既泽，雍、沮会同，桑土既蚕，于是民得下丘居土。其土黑坟，草繇木条。田中下，赋贞，作十有三年乃同。其贡漆丝，其篚织文。浮于济、漯，通于河。

海岱维青州：嵎夷⑥既略，潍、淄其道。其土白坟，海滨广潟⑦，厥田斥卤⑧。田上下，赋中上。厥贡盐绨，海物维错，岱畎丝、枲、铅、松、怪石，莱夷为牧，其篚檿丝⑨。浮于汶，通于济。

海岱及淮维徐州：淮、沂其治，蒙、羽其艺。大野既都，东原底平。其土赤埴坟，草木渐包。其田上中，赋中中。贡维土五色，羽畎夏狄，峄阳孤桐，泗滨浮磬，淮夷蠙珠⑩暨鱼，其篚玄纤缟。浮于淮、泗，通于河。

淮海维扬州：彭蠡既都，阳鸟所居。三江既入，震泽致定。竹箭既布。

① 亹亹穆穆（wěi wěi mù mù）：勤勉庄敬。
② 行山表木：攀行山岭，立木为标记。
③ 沟淢（yù）：沟洫。淢通"洫"。
④ 橇（qiāo）：古代人在泥路上行走所乘的东西。
⑤ 雷夏：雷泽。其地在今山东菏泽东北面黄河南岸。
⑥ 嵎夷：古地名。
⑦ 广潟（xì）：同"广斥"。广阔的盐碱地。
⑧ 斥卤：指盐碱地。
⑨ 檿（yǎn）丝：蚕食山桑叶所吐的丝，即柞蚕丝，可供织作，制琴弦最佳。
⑩ 蠙珠（pín zhū）：蚌珠，珍珠。

其草惟夭，其木惟乔，其土涂泥。田下下，赋下上上杂。贡金三品，瑶、琨、竹箭，齿、革、羽、旄，岛夷卉服，其篚织贝，其包橘、柚锡贡。均江海，通淮、泗。

荆及衡阳维荆州：江、汉朝宗于海。九江甚中，沱、涔已道，云土、梦为治。其土涂泥。田下中，赋上下。贡羽、旄、齿、革、金三品，杶、榦、栝、柏，砺、砥、砮、丹，维箘、簵、楛，三国致贡其名，包匦①菁茅，其篚玄纁②玑组③，九江入赐大龟。浮于江、沱、涔、汉，逾于洛，至于南河。

荆河惟豫州：伊、洛、瀍、涧既入于河，荥播既都，道菏泽，被明都。其土壤，下土坟垆④。田中上，赋杂上中。贡漆、丝、绤、纻，其篚纤絮，锡贡磬错⑤。浮于洛，达于河。

华阳黑水惟梁州：汶、嶓既艺，沱、涔既道，蔡、蒙旅平，和夷厎绩⑥。其土青骊。田下上，赋下中三错。贡璆⑦、铁、银、镂、砮、磬，熊、罴、狐、狸、织皮。西倾因桓是来，浮于潜，逾于沔，入于渭，乱于河。

黑水西河惟雍州：弱水既西，泾属渭汭。漆、沮既从，沣水所同。荆、岐已旅，终南、敦物至于鸟鼠。原隰厎绩，至于都野。三危既度，三苗大序。其土黄壤。田上上，赋中下。贡璆、琳、琅玕。浮于积石，至于龙门西河，会于渭汭。织皮昆仑、析支、渠搜，西戎即序。

道九山：汧及岐至于荆山，逾于河；壶口、雷首至于太岳；砥柱、析城至于王屋；太行、常山至于碣石，入于海；西倾、朱圉、鸟鼠至于太华；熊耳、外方、桐柏至于负尾；道嶓冢，至于荆山；内方至于大别；汶山之阳至衡山，过九江，至于敷浅原。

---

① 包匦（guǐ）：裹束而置于匣中。一说包裹缠结。
② 玄纁（xūn）：黑色和浅红色的布帛。
③ 玑（jī）组：珠串。
④ 坟垆：高起的黑色硬土。
⑤ 磬错：磨磬用的石头。
⑥ 厎（dǐ）绩：致功，取得功绩。
⑦ 璆（qiú）：古同"球"，美玉，亦指玉磬。

道九川：弱水至于合黎，馀波入于流沙。道黑水，至于三危，入于南海。道河积石，至于龙门，南至华阴，东至砥柱，又东至于盟津，东过洛汭，至于大邳，北过降水，至于大陆，北播为九河，同为逆河，入于海。嶓冢道漾，东流为汉，又东为苍浪之水，过三澨，入于大别，南入于江，东汇泽为彭蠡，东为北江，入于海。汶山道江，东别为沱，又东至于醴，过九江，至于东陵，东迤北会于汇，东为中江，入于海。道沇水，东为济，入于河，泆为荥，东出陶丘北，又东至于荷，又东北会于汶，又东北入于海。道淮自桐柏，东会于泗、沂，东入于海。道渭自鸟鼠同穴，东会于沣，又东北至于泾，东过漆、沮，入于河。道洛自熊耳，东北会于涧、瀍，又东会于伊，东北入于河。

于是九州攸同，四奥既居，九山刊旅，九川涤原，九泽既陂，四海会同。六府甚修，众土交正，致慎财赋，咸则三壤成赋，中国赐土姓："祗台德先，不距朕行。"

令天子之国以外五百里甸服：百里赋纳总，二百里纳铚，三百里纳秸服，四百里粟，五百里米。甸服外五百里侯服：百里采，二百里任国，三百里诸侯。侯服外五百里绥服：三百里揆文教，二百里奋武卫。绥服外五百里要服：三百里夷，二百里蔡。要服外五百里荒服：三百里蛮，二百里流。

东渐于海，西被于流沙，朔、南暨：声教讫于四海。于是帝锡禹玄圭，以告成功于天下。天下于是太平治。

皋陶作士以理民。帝舜朝，禹、伯夷、皋陶相与语帝前。皋陶述其谋曰："信其道德，谋明辅和。"禹曰："然，如何？"皋陶曰："于！慎其身修，思长，敦序九族，众明高翼，近可远在已。"禹拜美言，曰："然。"皋陶曰："于！在知人，在安民。"禹曰："吁！皆若是，惟帝其难之。知人则智，能官人；能安民则惠，黎民怀之。能知能惠，何忧乎驩兜，何迁乎有苗，何畏乎巧言善色佞人？"皋陶曰："然，于！亦行有九德，亦言其有德。"乃言曰："始事事，宽而栗，柔而立，愿而共，治而敬，扰而毅，直而温，简而廉，刚而实，强而义，章其有常，吉哉。日宣三德，蚤夜翊明有家。日严振敬六德，亮采有国。翕受普施，九德咸事，俊乂在官，百吏肃谨。毋教邪淫奇谋。非其人居其官，是谓乱天事。天讨有罪，五刑五用哉。吾言厎可行乎？"禹曰："女言致可绩行。"皋陶曰："余未有知，思赞道哉。"

帝舜谓禹曰："女亦昌言。"禹拜曰："于，予何言！予思日孳孳①。"皋陶难禹曰："何谓孳孳？"禹曰："鸿水滔天，浩浩怀山襄陵，下民皆服于水。予陆行乘车，水行乘舟，泥行乘橇，山行乘檋，行山刊木。与益予众庶稻鲜食。以决九川致四海，浚畎浍②致之川。与稷予众庶难得之食。食少，调有馀补不足，徙居。众民乃定，万国为治。"皋陶曰："然，此而美也。"

禹曰："于，帝！慎乃在位，安尔止。辅德，天下大应。清意③以昭待上帝命，天其重命用休。"帝曰："吁，臣哉，臣哉！臣作朕股肱耳目。予欲左右有民，女辅之。余欲观古人之象。日月星辰，作文绣服色，女明之。予欲闻六律五声八音，来始滑，以出入五言，女听。予即辟，女匡拂予。女无面谀，退而谤予。敬四辅臣。诸众谗嬖臣，君德诚施皆清矣。"禹曰："然。帝即不时，布同善恶则毋功。"

帝曰："毋若丹朱傲，维慢游是好，毋水行舟，朋淫于家，用绝其世。予不能顺是。"禹曰："予娶涂山，辛壬癸甲④，生启予不子，以故能成水土功。辅成五服，至于五千里，州十二师，外薄四海，咸建五长，各道有功。苗顽不即功，帝其念哉。"帝曰："道吾德，乃女功序之也。"

皋陶于是敬禹之德，令民皆则禹。不如言，刑从之。舜德大明。

于是夔行乐，祖考至，群后相让，鸟兽翔舞，箫韶九成，凤皇来仪⑤，百兽率舞，百官信谐。帝用此作歌曰："陟天之命，维时维几。"乃歌曰：

---

① 孳孳（zī zī）：同"孜孜"。勤勉；努力不懈。孳通"孜"。
② 畎浍（quǎn kuài）：田间水沟，泛指溪流、沟渠。
③ 清意：意念纯净。
④ （辛壬）癸甲：这里是说辛壬娶涂山氏之女，癸甲生启。
⑤ 来仪：被招来。

"股肱喜哉，元首起哉，百工熙哉！"皋陶拜手①稽首扬言曰："念哉，率为兴事，慎乃宪，敬哉！"乃更为歌曰："元首明哉，股肱良哉，庶事康哉！"又歌曰："元首丛脞哉，股肱惰哉，万事堕哉！"帝拜曰："然，往钦哉！"于是天下皆宗禹之明度数声乐，为山川神主。

帝舜荐禹于天，为嗣②。十七年而帝舜崩。三年丧毕，禹辞辟舜之子商均于阳城。天下诸侯皆去商均而朝禹。禹于是遂即天子位，南面朝天下，国号曰夏后，姓姒氏。

帝禹立而举皋陶荐之，且授政焉，而皋陶卒。封皋陶之后于英、六，或在许。而后举益，任之政。

十年，帝禹东巡狩，至于会稽而崩。以天下授益。三年之丧毕，益让帝禹之子启，而辟居箕山之阳。禹子启贤，天下属意焉。及禹崩，虽授益，益之佐禹日浅③，天下未洽。故诸侯皆去益而朝启，曰"吾君帝禹之子也"。于是启遂即天子之位，是为夏后帝启。

夏后帝启，禹之子，其母涂山氏之女也。

有扈氏④不服，启伐之，大战于甘。将战，作《甘誓》，乃召六卿申之。启曰："嗟！六事之人，予誓告女：有扈氏威侮⑤五行，怠弃⑥三正，天用剿绝⑦其命。今予维共行天之罚。左不攻于左，右不攻于右，女不共命。御非其马之政，女不共命。用命，赏于祖；不用命，僇于社，予则帑僇⑧女。"遂灭有扈氏。天下咸朝。

夏后帝启崩，子帝太康立。帝太康失国，昆弟五人，须于洛汭⑨，作

---

① 拜手：古代男子跪拜礼的一种。跪后两手相拱，俯头至手。
② 嗣：指地位继承人。
③ 日浅：指时间不长。
④ 有扈氏：古部落名，在今陕西省户县。
⑤ 威侮：凌虐侮慢。
⑥ 怠弃：怠惰荒废。
⑦ 剿绝：消灭，灭绝。
⑧ 帑僇（tǎng lù）：指刑戮连及子女。
⑨ 洛汭（ruì）：河南省洛水入黄河处。

《五子之歌》。

太康崩，弟中康立，是为帝中康。帝中康时，羲、和湎淫[1]，废时乱日。胤往征之，作《胤征》。

中康崩，子帝相立。帝相崩，子帝少康立。帝少康崩，子帝予立。帝予崩，子帝槐立。帝槐崩，子帝芒立。帝芒崩，子帝泄立。帝泄崩，子帝不降立。帝不降崩，弟帝扃立。帝扃崩，子帝廑立。帝廑崩，立帝不降之子孔甲，是为帝孔甲。帝孔甲立，好方鬼神，事淫乱。夏后氏德衰，诸侯畔之。天降龙二，有雌雄，孔甲不能食，未得豢龙氏。陶唐既衰，其后有刘累，学扰龙[2]于豢龙氏，以事孔甲。孔甲赐之姓曰御龙氏，受豕韦之后。龙一雌死，以食夏后。夏后使求，惧而迁去。

孔甲崩，子帝皋立。帝皋崩，子帝发立。帝发崩，子帝履癸立，是为桀。帝桀之时，自孔甲以来而诸侯多畔夏，桀不务德而武伤百姓，百姓弗堪。乃召汤而囚之夏台[3]，已而释之。汤修德，诸侯皆归汤，汤遂率兵以伐夏桀。桀走鸣条[4]，遂放而死。桀谓人曰："吾悔不遂杀汤于夏台，使至此。"汤乃践天子位，代夏朝天下。汤封夏之后，至周封于杞也。

太史公曰：禹为姒姓，其后分封，用国为姓，故有夏后氏、有扈氏、有男氏、斟寻氏、彤城氏、褒氏、费氏、杞氏、缯氏、辛氏、冥氏、斟戈氏。孔子正夏时，学者多传《夏小正》。自虞、夏时，贡赋备矣。或言禹会诸侯江南，计功而崩，因葬焉，命曰会稽。会稽者，会计也。

---

① 湎淫：沉溺于酒色。

② 扰龙：驯龙。

③ 夏台：夏代狱名。又名均台。在今河南省禹县南。

④ 鸣条：古地名，又名高侯原，在今山西运城安邑镇北，相传商汤伐夏桀战于鸣条之野。

八、《尚书》

虞书·尧典

昔在帝尧，聪明文思，光宅天下。将逊于位，让于虞舜，作《尧典》。

曰若稽古，帝尧曰放勋。钦明文思安安，允恭克让，光被四表，格于上下。

克明俊德，以亲九族。九族既睦，平章百姓。百姓昭明，协和万邦。黎民于变时雍。

乃命羲和，钦若昊天，历象日月星辰，敬授民时。

分命羲仲，宅嵎夷，曰旸谷。寅宾出日，平秩东作。日中，星鸟，以殷仲春。厥民析，鸟兽孳尾。

申命羲叔，宅南交，曰明都。平秩南讹，敬致。日永，星火，以正仲夏。厥民因，鸟兽希革。

分命和仲，宅西，曰昧谷。寅饯纳日，平秩西成。宵中，星虚，以殷仲秋。厥民夷，鸟兽毛毨。

申命和叔，宅朔方，曰幽都。平在朔易。日短，星昴，以正仲冬。厥民隩，鸟兽氄毛。

帝曰："咨！汝羲暨和。期三百有六旬有六日，以闰月定四时，成岁。允厘百工，庶绩咸熙。"

帝曰："畴，咨，若时登庸？"放齐曰："胤子朱。启明。"帝曰："吁！嚚讼，可乎？"

帝曰："畴，咨，若予采？"驩兜曰："都！共工方鸠僝功。"帝曰："吁！静言庸违，象恭滔天。"

帝曰："咨！四岳，汤汤洪水方割，荡荡怀山襄陵，浩浩滔天。下民其咨，有能俾乂？"佥曰："於！鲧哉。"帝曰："吁，咈哉，方命圮族。"岳曰："异哉，试可乃已。"帝曰："往！钦哉。"九载，绩用弗成。

帝曰："咨！四岳。朕在位七十载，汝能庸命巽朕位？"岳曰："否德忝帝位。"曰："明明扬侧陋。"师锡帝曰："有鳏在下，曰虞舜。"帝曰："俞！予闻，如何？"岳曰："瞽子。父顽，母嚚，象傲。克谐，以孝烝烝，乂不格奸。"帝曰："我其试哉！女于时，观厥刑于二女。"厘降二女于妫汭，嫔于虞。帝曰："钦哉！"

虞书·舜典

虞舜侧微，尧闻之聪明，将使嗣位，历试诸难，作《舜典》。

曰若稽古，帝舜曰重华，协于帝。浚咨文明，温恭允塞，玄德升闻，乃命以位。

慎徽五典，五典克从。纳于百揆，百揆时叙。宾于四门，四门穆穆。纳于大麓，烈风雷雨弗迷。

帝曰："格！汝舜。询事考言，乃言底可绩，三载，汝陟帝位。"舜让于德，弗嗣。

正月上日，受终于文祖。

在璇玑玉衡，以齐七政。

肆类于上帝，禋于六宗，望于山川，遍于群神。

辑五瑞，既月乃日，觐四岳群牧，班瑞于群后。

岁二月，东巡守，至于岱宗，柴，望秩于山川。肆觐东后，协时月正日，同律度量衡。修五礼、五玉、三帛、二生、一死贽。如五器，卒乃复。

五月南巡守，至于南岳，如岱礼。八月西巡守，至于西岳，如初。十有一月朔巡守，至于北岳，如西礼。归，格于艺祖，用特。

五载一巡守。群后四朝，敷奏以言，明试以功，车服以庸。

肇十有二州，封十有二山，浚川。

象以典刑，流宥五刑，鞭作官刑，扑作教刑，金作赎刑。眚灾肆赦，怙终贼刑。钦哉，钦哉，惟刑之恤哉！

流共工于幽州，放驩兜于崇山，窜三苗于三危，殛鲧于羽山，四罪而天下咸服。

二十有八载，帝乃殂落。百姓如丧考妣，三载，四海遏密八音。

月正元日，舜格于文祖，询于四岳，辟四门，明四目，达四聪。

咨十有二牧，曰："食哉惟时！柔远能迩。惇德允元，而难任人，蛮夷率服。"

舜曰："咨！四岳。有能奋庸熙帝之载，使宅百揆，亮采惠畴？"佥曰："伯禹作司空。"帝曰："俞！咨禹，汝平水土，惟时懋哉！"禹拜稽首，让于稷、契暨皋陶。帝曰："俞！汝往哉！"

帝曰："弃，黎民阻饥，汝后稷，播时百谷。"

帝曰："契，百姓不亲，五品不逊，汝作司徒，敬敷五教，在宽。"

帝曰："皋陶，蛮夷猾夏，寇贼奸宄。汝作士，五刑有服，五服三就。五流有宅，五宅三居。惟明克允！"

帝曰："畴若予工？"佥曰："垂哉！"帝曰："俞！咨垂。汝共工。"垂拜稽首，让于殳、斨暨伯与。帝曰："俞！往哉，汝谐。"

帝曰："畴若予上下草木鸟兽？"佥曰："益哉！"帝曰："俞！咨益，汝作朕虞。"益拜稽首，让于朱虎熊罴。帝曰："俞！往哉，汝谐。"

帝曰："咨！四岳。有能典朕三礼？"佥曰："伯夷。"帝曰："俞！咨伯。汝作秩宗。夙夜惟寅，直哉惟清。"伯拜稽首，让于夔、龙。帝曰："俞，往，钦哉！"

帝曰："夔！命汝典乐，教胄子。直而温，宽而栗，刚而无虐，简而无傲。诗言志，歌永言，声依永，律和声。八音克谐，无相夺伦，神人以和。"夔曰："於！予击石拊石，百兽率舞。"

帝曰："龙！朕堲谗说殄行，震惊朕师。命汝作纳言，夙夜出纳朕命，惟允。"

帝曰："咨！汝二十有二人，钦哉，惟时亮天功。三载考绩。三考黜陟幽明。"庶绩咸熙，分北三苗。

舜生三十征庸，三十在位，五十载陟方乃死。

虞书·大禹谟

皋陶矢厥谟，禹成厥功，帝舜申之。作《大禹》《皋陶谟》《益稷》。

曰若稽古，大禹曰："文命敷于四海，祗承于帝。"曰："后克艰厥后，臣克艰厥臣，政乃乂，黎民敏德。"

帝曰："俞！允若兹，嘉言罔攸伏，野无遗贤，万邦咸宁。稽于众，舍己从人，不虐无告，不废困穷，惟帝时克。"

益曰："都！帝德广运，乃圣乃神，乃武乃文。皇天眷命，奄有四海为天下君。"

禹曰："惠迪吉，从逆凶，惟影响。"

益曰："吁！戒哉！儆戒无虞，罔失法度，罔游于逸，罔淫于乐。任贤勿贰，去邪勿疑。疑谋勿成，百志惟熙。罔违道以干百姓之誉，罔咈百姓以从己之欲。无怠无荒，四夷来王。"

禹曰："於！帝念哉！德惟善政，政在养民。水、火、金、木、土、谷，惟修；正德、利用、厚生、惟和。九功惟叙，九叙惟歌。戒之用休，董之用威，劝之以九歌，俾勿坏。"

帝曰："俞！地平天成，六府三事允治，万世永赖，时乃功。"

帝曰："格，汝禹！朕宅帝位三十有三载，耄期倦于勤。汝惟不怠，总朕师。"

禹曰："朕德罔克，民不依。皋陶迈种德，德乃降，黎民怀之。帝念哉！念兹在兹，释兹在兹。名言兹在兹，允出兹在兹，惟帝念功。"

帝曰："皋陶，惟兹臣庶，罔或干予正。汝作士，明于五刑，以弼五教，期于予治。刑期于无刑，民协于中，时乃功，懋哉。"

皋陶曰："帝德罔愆，临下以简，御众以宽；罚弗及嗣，赏延于世。宥过无大，刑故无小；罪疑惟轻，功疑惟重；与其杀不辜，宁失不经；好生之德，洽于民心。兹用不犯于有司。"

帝曰："俾予从欲以治，四方风动，惟乃之休。"

帝曰："来，禹！降水儆予，成允成功，惟汝贤。克勤于邦，克俭于家，不自满假，惟汝贤。汝惟不矜，天下莫与汝争能；汝惟不伐，天下莫与汝争功。予懋乃德，嘉乃丕绩，天之历数在汝躬，汝终陟元后。人心惟危，道心惟微，惟精惟一，允执厥中。无稽之言勿听，弗询之谋勿庸。可爱非君？可畏非民？众非元后，何戴？后非众，罔与守邦？钦哉！慎乃有位，敬修其可愿。四海困穷，天禄永终。惟口出好兴戎，朕言不再。"

禹曰："枚卜功臣，惟吉之从。"

帝曰："禹！官占惟先蔽志，昆命于元龟。朕志先定，询谋佥同，鬼神其依，龟筮协从，卜不习吉。"禹拜稽首，固辞。

帝曰："毋！惟汝谐。"

正月朔旦，受命于神宗，率百官若帝之初。

帝曰："咨，禹！惟时有苗弗率，汝徂征。"

禹乃会群后，誓于师曰："济济有众，咸听朕命。蠢兹有苗，昏迷不恭，侮慢自贤，反道败德。君子在野，小人在位。民弃不保，天降之咎。肆予以尔众士，奉辞伐罪。尔尚一乃心力，其克有勋。"

三旬，苗民逆命。益赞于禹曰："惟德动天，无远弗届。满招损，谦受益，时乃天道。帝初于历山，往于田，日号泣于旻天，于父母，负罪引慝。祗载见瞽瞍，夔夔斋栗，瞽亦允若。至诚感神，矧兹有苗。"

禹拜昌言曰："俞！"班师振旅。帝乃诞敷文德，舞干羽于两阶，七旬有苗格。

虞书·皋陶谟

曰若稽古，皋陶曰："允迪厥德，谟明弼谐。"禹曰："俞！如何？"皋陶曰："都！慎厥身，修思永。惇叙九族，庶明励翼，迩可远在兹。"禹拜昌言曰："俞！"

皋陶曰："都！在知人，在安民。"禹曰："吁！咸若时，惟帝其难之。知人则哲，能官人。安民则惠，黎民怀之。能哲而惠，何忧乎驩兜，何迁乎有苗，何畏乎巧言令色孔壬？"

皋陶曰："都！亦行有九德。亦言其人有德，乃言曰，载采采。"禹曰："何？"

皋陶曰："宽而栗，柔而立，愿而恭，乱而敬，扰而毅，直而温，简而廉，刚而塞，强而义。彰厥有常吉哉！日宣三德，夙夜浚明有家。日严祗敬六德，亮采有邦。翕受敷施，九德咸事，俊乂在官，百僚师师，百工惟时。抚于五辰，庶绩其凝。无教逸欲有邦，兢兢业业，一日二日万几。无旷庶官，天工，人其代之。天叙有典，敕我五典五惇哉！天秩有礼，自我五礼有庸哉！同寅协恭和衷哉！天命有德，五服五章哉！天讨有罪，五刑五用哉！政事懋哉！懋哉！天聪明，自我民聪明。天明畏，自我民明威，达于上下，敬哉有土！"

皋陶曰："朕言惠可厎行？"禹曰："俞！乃言厎可绩。"皋陶曰："予未有知，思日赞赞襄哉！"

虞书·益稷

帝曰："来，禹，汝亦昌言。"禹拜曰："都！帝，予何言？予思日孜孜。"皋陶曰："吁！如何？"禹曰："洪水滔天，浩浩怀山襄陵，下民昏垫。予乘四载，随山刊木，暨益奏庶鲜食。予决九川距四海，浚畎浍距川；暨稷播，奏庶艰食鲜食。懋迁有无化居。烝民乃粒，万邦作乂。"皋陶曰：

"俞！师汝昌言。"

禹曰："都！帝，慎乃在位。"帝曰："俞！"禹曰："安汝止，惟几惟康。其弼直，惟动丕应。徯志以昭受上帝，天其申命用休。"

帝曰："吁！臣哉邻哉，邻哉臣哉。"禹曰："俞！"

帝曰："臣作朕股肱耳目。予欲左右有民，汝翼。予欲宣力四方，汝为。予欲观古人之象，日月星辰山龙华虫作会，宗彝藻火粉米黼黻絺绣，以五采彰施于五色作服，汝明。予欲闻六律五声八音，在治忽，以出纳五言，汝听。予违汝弼，汝无面从，退有后言。钦四邻。庶顽谗说，若不在时，侯以明之。挞以记之，书用识哉，欲并生哉。工以纳言，时而飏之，格则承之庸之，否则威之。"

禹曰："俞哉！帝光天之下，至于海隅苍生，万邦黎献，共惟帝臣。惟帝时举，敷纳以言，明庶以功，车服以庸，谁敢不让，敢不敬应。帝不时，敷同日奏，罔功。"

帝曰："无若丹朱傲，惟慢游是好，傲虐是作。罔昼夜额额，罔水行舟。朋淫于家，用殄厥世，予创若时。"

"予娶涂山，辛壬癸甲。启呱呱而泣，予弗子，惟荒度土功。弼成五服，至于五千，州十有二师。外薄四海，咸建五长。各迪有功，苗顽弗即工。帝其念哉。"

帝曰："迪朕德，时乃功惟叙。"

皋陶方祗厥叙，方施象刑惟明。

夔曰："戛击鸣球、搏拊、琴瑟，以咏。"祖考来格，虞宾在位，群后德让。下管鼗鼓，合止柷敔。笙镛以间，鸟兽跄跄；箫韶九成，凤皇来仪。夔曰："於！予击石拊石，百兽率舞。"

庶尹允谐，帝庸作歌曰："敕天之命，惟时惟几。"乃歌曰："股肱喜哉！元首起哉！百工熙哉！"皋陶拜手稽首飏言曰："念哉！率作兴事，慎乃宪，钦哉！屡省乃成，钦哉！"乃赓载歌曰："元首明哉，股肱良哉，庶事康哉！"又歌曰："元首丛脞哉，股肱惰哉，万事堕哉！"帝拜曰："俞！往，钦哉！"

夏书·禹贡

禹别九州，随山浚川，任土作贡。

禹敷土，随山刊木，奠高山大川。

冀州：既载壶口，治梁及岐。既修太原，至于岳阳；覃怀底绩，至于衡漳。厥土惟白壤，厥赋惟上上错，厥田惟中中。恒、卫既从，大陆既作。岛夷皮服，夹右碣石入于河。

济、河惟兖州。九河既道，雷夏既泽，滩、沮会同。桑土既蚕，是降丘宅土。厥土黑坟，厥草惟繇，厥木惟条。厥田惟中下，厥赋贞，作十有三载，乃同。厥贡漆、丝，厥篚织文。浮于济、漯，达于河。

海岱惟青州。嵎夷既略，潍、淄其道。厥土白坟，海滨广斥。厥田惟上下，厥赋中上。厥贡盐、绨，海物惟错。岱畎丝、枲、铅、松、怪石。莱夷作牧，厥篚、檿丝。浮于汶，达于济。

海岱及淮惟徐州。淮、沂其乂，蒙、羽其艺。大野既猪，东原底平。厥土赤埴坟，草木渐包。厥田惟上中，厥赋中中。厥贡惟土五色，羽畎夏翟，峄阳孤桐，泗滨浮磬，淮夷蠙珠暨鱼。厥篚玄纤缟。浮于淮、泗，达于河。

淮海惟扬州。彭蠡既猪，阳鸟攸居。三江既入，震泽底定。筱簜既敷，厥草惟夭，厥木惟乔。厥土惟涂泥，厥田惟下下，厥赋下上上错。厥贡惟金三品，瑶琨筱簜，齿革羽旄惟木，岛夷卉服，厥篚织贝，厥包橘柚锡贡。沿于江海，达于淮、泗。

荆及衡阳惟荆州。江、汉朝宗于海，九江孔殷，沱、潜既道，云土梦作乂。厥土惟涂泥，厥田惟下中，厥赋上下。厥贡羽毛齿革惟金三品，杶榦栝柏，砺砥砮丹，惟菌簵楛。三邦底贡厥名，包匦菁茅，厥篚玄纁玑组，九江纳锡大龟。浮于江、沱、潜、汉，逾于洛，至于南河。

荆河惟豫州。伊、洛、瀍、涧既入于河。荥波既猪。导菏泽，被孟猪。厥土惟壤，下土坟垆。厥田惟中上，厥赋错上中。厥贡漆、枲、绨、纻，厥篚纤纩，锡贡磬错。浮于洛，达于河。

华阳黑水惟梁州。岷、嶓既艺，沱、潜既道，蔡、蒙旅平，和夷底绩。厥土青黎，厥田惟下上，厥赋下中三错。厥贡璆铁银镂砮磬，熊罴狐狸织皮。西倾因桓是来，浮于潜，逾于沔，入于渭，乱于河。

黑水西河惟雍州。弱水既西，泾属渭汭，漆、沮既从，沣水攸同。荆、岐既旅，终南、惇物，至于鸟鼠。原隰底绩，至于猪野。三危既宅，三苗丕叙。厥土惟黄壤，厥田惟上上，厥赋中下。厥贡惟球琳琅玕。浮于积石，至于龙门西河，会于渭汭。织皮昆仑、析支、渠搜，西戎即叙。

导岍及岐，至于荆山，逾于河。壶口、雷首至于太岳。底柱、析城至于王屋。太行、恒山至于碣石，入于海。

西倾、朱圉、鸟鼠至于太华；熊耳、外方、桐柏至于陪尾。

导嶓冢，至于荆山，内方，至于大别。

岷山之阳，至于衡山，过九江，至于敷浅原。

导弱水，至于合黎，余波入于流沙。

导黑水，至于三危，入于南海。

导河积石，至于龙门；南至于华阴，东至于底柱；又东至于孟津，东过洛汭，至于大伾；北过降水，至于大陆；又北播为九河，同为逆河，入于海。

嶓冢导漾，东流为汉，又东为沧浪之水，过三澨，至于大别；南入于江，东汇泽为彭蠡，东为北江，入于海。

岷山导江，东别为沱，又东至于澧；过九江，至于东陵，东迤北会于汇；东为中江，入于海。

导沇水，东流为济，入于河，溢为荥；东出于陶丘北，又东至于菏；又东北会于汶，又北东入于海。

导淮自桐柏，东会于泗、沂，东入于海。

导渭自鸟鼠同穴，东会于沣，又东会于泾；又东过漆、沮，入于河。

导洛自熊耳，东北会于涧、瀍；又东会于伊，又东北入于河。

九州攸同，四隩既宅。九山刊旅，九川涤源，九泽既陂。四海会同，六府孔修。庶土交正，厎慎财赋，咸则三壤成赋。中邦锡土姓。祗台德先，不距朕行。

五百里甸服。百里赋纳总，二百里纳铚，三百里纳秸服，四百里粟，五百里米。

五百里侯服。百里采，二百里男邦，三百里诸侯。

五百里绥服。三百里揆文教，二百里奋武卫。

五百里要服。三百里夷，二百里蔡。

五百里荒服。三百里蛮，二百里流。

东渐于海，西被于流沙，朔南暨声教，讫于四海。禹锡玄圭，告厥成功。

钟利戡，王清贵：《大禹史料汇集》，巴蜀书社，1991。

陈勤帜，李德书，钟利戡：《大禹及夏文化研究》，巴蜀书社，1993。

《山海经》，北京燕山出版社，2001。

司马迁：《史记》，中国文史出版社，2003。

姒元翼，姒承家：《大禹世家》，浙江古籍出版社，2003。

《四书五经》，作家出版社，2007。

李德书：《巴蜀文化简论》，四川科学技术出版社，2008。

徐日辉：《史记札记》，现代教育出版社，2008。

苏冠群，赵学儒：《大禹治水》，作家出版社，2009。

邱述学：《大禹英雄》，四川人民出版社，2009。

江群：《酷说大禹》，安徽文艺出版社，2013。

周幼涛，何海翔：《大禹文化学资料选编》，吉林大学出版社，2013。

中国社会科学院考古研究所等：《蚌埠禹会村》，科学出版社，2013。

中国社会科学院古代文明研究中心等：《禹会村遗址研究》，科学出版社，2014。

李德书：《全国第三届禹羌义化学术交流会论文集》，四川科学技术出版社，2015。

李德书：《全国第一二届禹羌文化研讨会论文集》，电子科技大学出版社，2016。

李德书，尧一三：《禹生石纽》，四川美术出版社，2016。

孟世凯：《先秦史研究动态》，中国先秦史学会，2001（1）。

李德书：《大禹研究文稿》，四川省大禹研究会，2002。

李德书：《禹生石纽史料专辑》，四川省社科院禹羌文化研究所，2010。

沈叶鸣：《弘扬大禹精神》，安徽蚌埠市涂山大禹文化研究会，2013。

宋代学者张载有著名的"横渠四句"："为天地立心，为生民立命，为往圣继绝学，为万世开太平。"这四句经典，道出了历代文人学者和仁人志士对中华文明传承发展的追求和梦想。

进入21世纪以来，国家"夏商周断代工程"的标志性成果《夏商周年表》公布：夏朝起于公元前2070年，大禹是夏朝第一个王。随后启动的"中华文明探源工程"不断取得新的进展：安徽省蚌埠禹会村遗址，距今4100年，证实了古籍中"禹会诸侯于涂山"的记载；山西襄汾陶寺古城遗址，距今4300—4000年，发现了尧舜禹时期的文字和观象台。陕西神木石峁古城遗址距今4500多年；浙江余杭良渚文化，距今5300多年。尤其令人振奋的是，2018年5月28日，在国务院新闻办公室举行的新闻发布会上，中华文明探源成果公布：考古实证中华5000年文明非神话。

这些最新的考古学成果终于驱散了疑古的阴云和迷雾，让人们重新认识伟大的中华文明和伟大的中华民族先祖圣王。

大禹是人类历史上伟大的治水英雄，是中华文明史上里程碑式的伟大人物。他是原始社会进入奴隶社会的里程碑，是部落联盟进入国家文明的里程碑，是古国（方国）时期进入王国时期的里程碑。

大禹是继黄帝之后的又一人文先祖，他是华夏立国之祖；大禹的民本思想和德政理念，是华夏儒学之祖；大禹首开国家教育先河，是华夏建学之祖。

大禹是全世界华人崇拜的偶像，大禹精神是中华民族精神的象征：一是以民为本，明德顺事；二是科学求实，开拓进取；三是艰苦奋斗，严于律己；四是大公无私，大爱无疆。大禹功德，万世永赖。大禹精神，光辉永照天地间。

根据中央关于实施中华优秀传统文化传承发展工程的意见，四川省启动历史名人文化传承创新工程，将大禹列为首批十大历史名人之首。省委宣传部委托天地出版社组稿出版十大名人传记丛书。于是，天地出版社约我撰写《大禹传》。"高山仰止，景行行止，虽不能止，然心向往之。"出于对大禹的敬畏之心，作为一名长期研究大禹文化的学者，我没有理由推辞。

本人接受这一任务后，实感诚惶诚恐，因为这是一项非常艰巨的任务。司马迁之前有过《禹本纪》，但司马迁没有采用，后来就失传了。司马迁在《史记·夏本纪》中用了一半以上的文字来记述大禹治水及建国的功绩，相当于一篇大禹简介。由于历史的原因及史料的局限，尤其是司马迁没有见到晋代才出土的《竹书纪年》等史料，《夏本纪》中没有大禹出生地、生卒年号等的明确记载，将大禹两次大会诸侯的事件混为一谈，时间、地点前后表述不一致。传世的众多史料中，对大禹的神化成分不少，传说性的记述较多，可以说是让人眼花缭乱。但由于几十年来，我一直研究大禹，被大禹精神深深感动，我决心坚定不移地传承大禹文化，坚定不移地弘扬大禹精神，圆满地完成撰写《大禹传》这项艰辛而又崇高的使命。

本人编著的《大禹传》，完全按照历史人物传记来叙述。首先根据《竹书纪年》等古籍和《夏商周年表》，推算出"大禹生平大事年表"；然后按照《竹书纪年》中的时间顺序，依据《史记》《尚书》《春秋左传》等史书中若干大禹的记载，本着大事有依据、小事有情节的原则来编写大禹一生的主要事迹。《大禹传》既不同于历史小说，又不同于故事新编，而是以史料为线索的叙述性的雅俗共赏的文史读物，非常考验手艺。

本人长期从事历史文化研究，从未写过人物传记，不得不向他人学习。《大禹传》的主要参考书目已作了附录。其中参考、借鉴、汲取较多的是《史记》《尚书》《竹书纪年》及当代学者江群先生的《酷说大禹》、沈叶鸣先生的《弘扬大禹精神》，在这里特向江、沈二位先生表示衷心的感谢！

　　《大禹传》得以成书，得到了中国夏商周断代工程专家组组长、首席科学家、中国先秦史学会名誉会长李学勤先生，中国社科院学部委员、中国考古学会会长、中华文明探源工程负责人王巍先生，中国社科院学部委员、中国先秦史学会会长宋镇豪先生，中国社科院考古所研究员、禹会村遗址考古队队长王吉怀先生，中国社科院历史所研究员、中国先秦史学会副会长兼秘书长宫长为先生，以及学术界朋友和同仁的鼓励和支持；中国《史记》研究会副会长、中国伏羲文化研究会副会长、中国旅游文献研究所所长、浙江工商大学教授徐日辉先生以其文章代序，为本书增辉添色；天地出版社副总编辑汤万星先生深入北川羌族自治县大禹故里考察禹迹，并提出《大禹传》写作要求；北川羌族自治县禹羌文化研究中心主任朱静女士、北川羌族自治县文联副主席王培芳和北川羌族自治县文广新旅局办公室副主任尧一三等同志给予协助并提供了部分照片；绵阳西科印务有限公司为本书打印文稿，在此一并表示谢意！

　　《大禹传》是本人将学术研究成果转化为传记文学的一种尝试。由于水平有限，难免有错误和失误，敬请专家和读者批评指正。

李德书　于四川绵阳儒仙斋

二〇一八年六月　初稿

图书在版编目（CIP）数据

四川历史名人丛书. 传记系列. 大禹传 / 李德书编
著. —成都：天地出版社，2020.1（2021年5月重印）
ISBN 978-7-5455-4257-8

Ⅰ. ①四… Ⅱ. ①李… Ⅲ. ①禹—传记 Ⅳ.
①K820.871

中国版本图书馆CIP数据核字（2018）第235835号

四川历史名人丛书. 传记系列

大禹传
DAYU ZHUAN

出 品 人	杨　政
作　　者	李德书
责任编辑	杨永龙　欧阳秀娟
封面设计	今亮后声
内文排版	麦莫瑞
责任印制	葛红梅

出版发行　天地出版社
　　　　　（成都市槐树街2号　邮政编码：610014）
　　　　　（北京市方庄芳群园3区3号　邮政编码：100078）
网　　址　http://www.tiandiph.com
电子邮箱　tianditg@163.com
经　　销　新华文轩出版传媒股份有限公司

印　　刷　河北鹏润印刷有限公司
版　　次　2020年1月第1版
印　　次　2021年5月第2次印刷
开　　本　710mm×1000mm　1/16
印　　张　14.5
字　　数　214千字
定　　价　48.00元
书　　号　ISBN 978-7-5455-4257-8